SNSの基本戦略

SNS選びのポイント

- 企業でも広告なしで拡散できるか
- 運営アルゴリズムの依存度の低さ
- 投稿のコストパフォーマンス

SNSを選ぶ

	Facebook	X	Instagram	TikTok	YouTube	LINE
企業でも広告なしで拡散できるか	×	◎	×	◎	○	×
運営アルゴリズムの依存度の低さ	×	○	×	×	×	×
投稿のコストパフォーマンス	◎	◎	◎	○	×	◎

コスパ優先ならX（旧twitter）がおすすめ

X……写真と組み合わせると伸びるので、コンテンツ投稿コストが低い。いいねとRTにより拡散性が高く、ユーザーからの評価が数値化されるので売り上げUP戦略につなげやすいX（旧twitter）がおすすめ

Facebook Instagram LINE……広告を使わないとリーチが伸びない

YouTube……長尺の動画を制作するコストが高い

TikTok……ユーザーが若すぎる

本書で紹介している手法を取り入れた実例紹介

クレハ様 キチントさん

BEFORE
オウンドメディア
＋
Facebook

▶▶▶

AFTER
Twitterに6投稿した結果、
初回投稿で**43万**PV、
3170フォロー、**244万**PVを獲得

SNSの戦術

リーチ数を伸ばし、定期的な接触頻度で信頼を重ねる

- リーチ数→関心を持っている方への認知度を高める／結果としてのフォロー獲得
- 接触頻度→定着期間／購買頻度の向上
- リーチを伸ばすには「いいね数」を増やすこと

重要ポイント1

・集客したいテーマに関心を持つ「見込み客」が**思わずいいねしたくなる**有益な投稿をする。

・**まだ商品を買っていない／サービスを利用していない人**にとっても**役立つ投稿**でないと、反応を得ることができない。

・役立つ投稿の作り方は→本書94頁を参照ください。

重要ポイント2

・**こんな投稿はNG!** リーチが伸びない間違った運用の仕方

・ほかの企業アカウントとのなれ合い

・キャンペーン、宣伝告知ばかり

・お客さまに有益性のない投稿

うちの会社、
NGばっかり
だなぁ……
NG
NG
NG

フォロー率の高いアカウント設計

フォロー率を増やす基本5か条

❶ タイムラインを整えよう
❷ 無意味なフォローを外そう
❸ アカウント名でどんな投稿者か伝わるように
❹ プロフィールはフォローする対価
（フォローするとこのように良いことがある）を明確に
❺ 宣伝、ビジネスに関わることは固定ツイートに

バズっただけじゃ
フォロワー数は
増えないんだな

誰を集客したいのか？

集客したいと思っている人たちに
役立つ、価値のある情報を
【一貫して発信する】こと。

スイーツ
好きな人？

忙しくて
時間がない人？

痩せたい人？

❶ あなたのタイムラインにあるべき投稿

スイーツ好きが歓喜するレシピ

集客したいと思っている
ユーザーに感謝されるほど
有益な投稿

買うなら今でしょ！

見送ると損するほど
魅力的な
キャンペーンオファー

余計な投稿は削除

投稿の頻度を落としたとしても
ユーザーに刺さらない
投稿はしない！

一度バズって
リーチ数が伸びても、
タイムラインに【一貫性】
がないと、フォロワー数は
増えません

❷ 無意味なフォローを外す

大事なのは
ユーザーに
フォローする【価値】を
低く感じさせない
こと

×
相互フォロー、
友人、知人

○
好意的な投稿を
してくれる人

❸ アカウント名で投稿内容を伝える

ラク速レシピのゆかり
@toroa
スイーツ開発・料理家

しかない料理のイガゴー
@toroa代表 主材料1つで
アホになるほどウマい
簡単時短レシピ

❹ プロフィールはフォローの対価を明確に

プロフィールを編集

toroa@おとりよせ日本一スイーツ屋の簡単レシピ
@toroa_kutsurogi
認証される

とろ生チーズケーキから生まれた神様トロさん。人気レシピ→ #toroaおうちカフェ｜おとりよせネット「ベストお取り寄せ大賞2022」【総合大賞】全国7000商品から日本一｜Hanakoときめくスイーツ大賞受賞｜サロンデュショコラ出場｜コロナ禍で廃業寸前の町工場を事業承継｜とろ生チーズケーキ(商標出願中)

kutsurogi-ya.com/shopdetail/000

❺ 宣伝、ビジネスツイートは固定にする

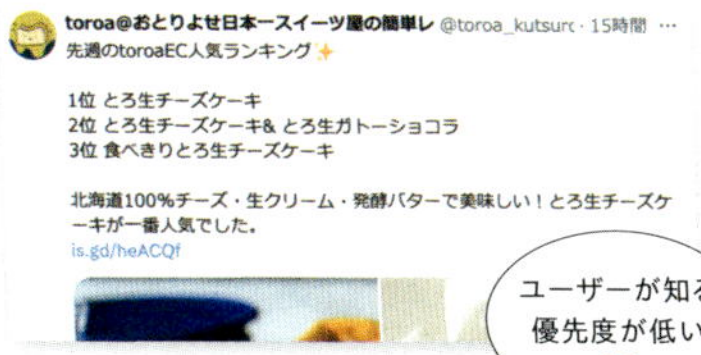

toroa@おとりよせ日本一スイーツ屋の簡単レ @toroa_kutsur・15時間 …
先週のtoroaEC人気ランキング✨

1位 とろ生チーズケーキ
2位 とろ生チーズケーキ& とろ生ガトーショコラ
3位 食べきりとろ生チーズケーキ

北海道100%チーズ・生クリーム・発酵バターで美味しい！とろ生チーズケーキが一番人気でした。
is.gd/heACQf

ユーザーが知る
優先度が低い
×

リーチ数を増やすには「いいね」を増やせ!

フォロー獲得数はリーチ数に比例する

リーチ数=フォロワー数×いいね数×拡散率

リーチ数を増やす方法

❶ 広告を打つ　❷ インフルエンサーにRTしてもらう

❸「いいね」される投稿 **←ここを狙う!**

「いいね」されることで第三者がおススメしているように見える

Xにおいて、いいね／RTには……

❶ **拡散効果**がある

❷ **第三者のお墨付き**になる

❸ **人気の数値化**になる

これ作りたい!
あ、○○さんが
いいねしてる……
プロフィールも
気になる。
ほかの投稿もいい感じ
フォローしとこ

SNS運用代行会社に依頼するとかかるコスト

仮に18投稿で1万フォロワー増やす場合、
一般的なSNS運用代行会社に委託すると……

広告費	… 1フォロワー **300円** × 1万フォロワー + 広告手数料20% = 360万円
コンテンツ制作費	… 1投稿 **6〜8万円** × 18投稿 = 108万円〜
SNS運営手数料	… 1投稿 **3〜5万円** × 18投稿 = 54万円〜

合計 **552万円〜**

しかし、獲得方法で反応率は変わる
広告やRTプレゼントで獲得したユーザーの
リーチ数(影響力)は低い

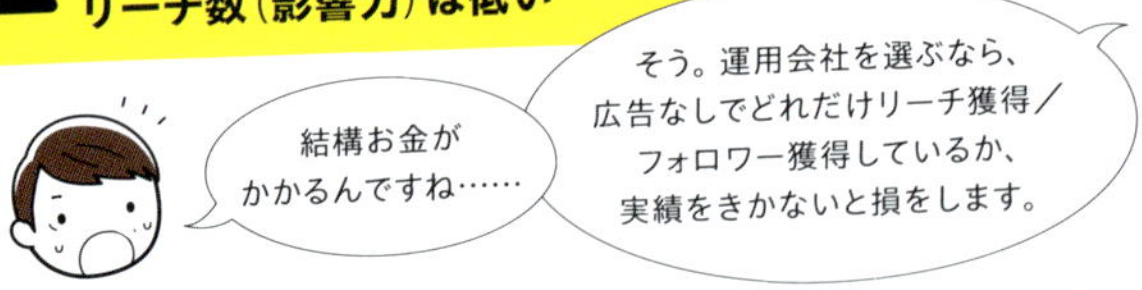

結構お金が
かかるんですね……
そう。運用会社を選ぶなら、
広告なしでどれだけリーチ獲得／
フォロワー獲得しているか、
実績をきかないと損をします。

本書を読んで、自分でSNSを運用してフォロワーを獲得すれば……

お金をかけずにリーチ数を増やせます!

SNSで売上を増やす使い方

結局、人は他者の評価でモノを買うかどうか決めている

他の
お客さまの声か……。
たしかに新しく何かを買う
ときは気にするかも
そうそう。
第三者のレビューが
購買決定のカギを
握っているんだ

人気投稿で売上を増やす使い方

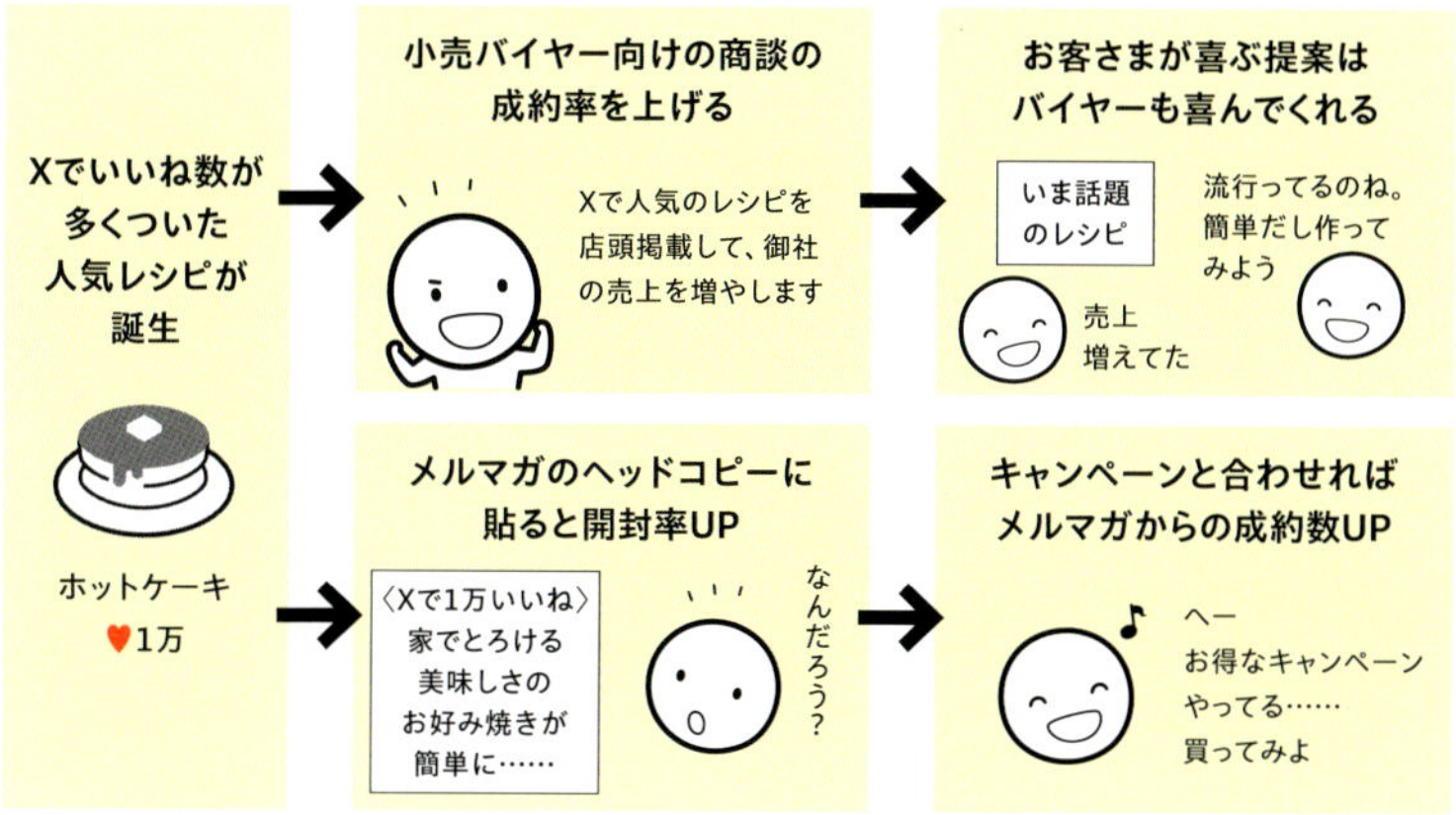
Xでいいね数が
多くついた
人気レシピが
誕生
ホットケーキ
♥1万
小売バイヤー向けの商談の
成約率を上げる
Xで人気のレシピを
店頭掲載して、御社
の売上を増やします
お客さまが喜ぶ提案は
バイヤーも喜んでくれる
いま話題
のレシピ
流行ってるのね。
簡単だし作って
みよう
売上
増えてた
メルマガのヘッドコピーに
貼ると開封率UP
〈Xで1万いいね〉
家でとろける
美味しさの
お好み焼きが
簡単に……
なんだろう？
キャンペーンと合わせれば
メルマガからの成約数UP
へー
お得なキャンペーン
やってる……
買ってみよ

お客さまの喜びの声をシェア

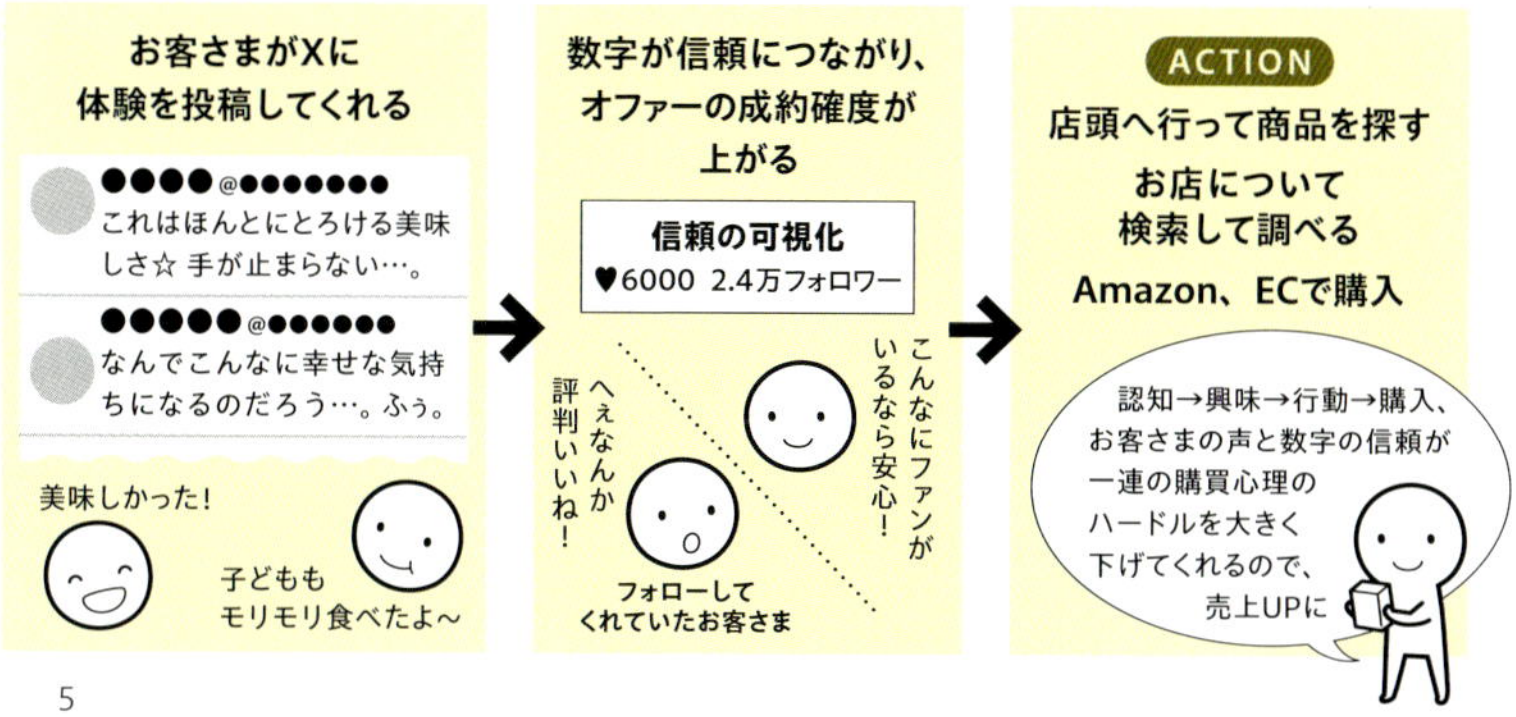
お客さまがXに
体験を投稿してくれる
●●●● @●●●●●●●
これはほんとにとろける美味
しさ☆ 手が止まらない…。
●●●●● @●●●●●●
なんでこんなに幸せな気持
ちになるのだろう…。ふぅ。
美味しかった！
子どもも
モリモリ食べたよ～
数字が信頼につながり、
オファーの成約確度が
上がる
信頼の可視化
♥6000 2.4万フォロワー
へぇなんか
評判いいね！
こんなにファンが
いるなら安心！
フォローして
くれていたお客さま
ACTION
店頭へ行って商品を探す
お店について
検索して調べる
Amazon、ECで購入
認知→興味→行動→購入、
お客さまの声と数字の信頼が
一連の購買心理の
ハードルを大きく
下げてくれるので、
売上UPに

後発組（いまから始める人）でもSNSに失敗しない方法とは

SNSは継続が大事！

× 100メートル走ではなく

○ マラソン！

ゆっくりでも走り続けることでゴールにたどり着ける
だから焦らないこと

読者の皆さんに本書が伝えられること

- 有益な投稿の書き方
- ストーリーの作り方
- インプットの方法
- 投稿を伸ばすために必要なこと
- SNSメンタルの整え方
- クレーム対応、虎の巻
- 企画力の育て方
- 文章と論理の力を磨く
- 抽象化=たとえる力を鍛える
- 総合的なブランディングの技術

↓

複数のアカウントを運用し、
SNSに関するあらゆる経験と知識を有する著者が
紙上であなたをバックアップします。

SNSなら大手に勝てる理由

- 大手企業のSNSはいいね率が0.1%前後で低い
- RTキャンペーンや広告でフォロワー数を獲得しているので反応率も低い
- ユーザーにとって役立つ、
あなたの「強み」を生かした投稿が勝利へのカギになる

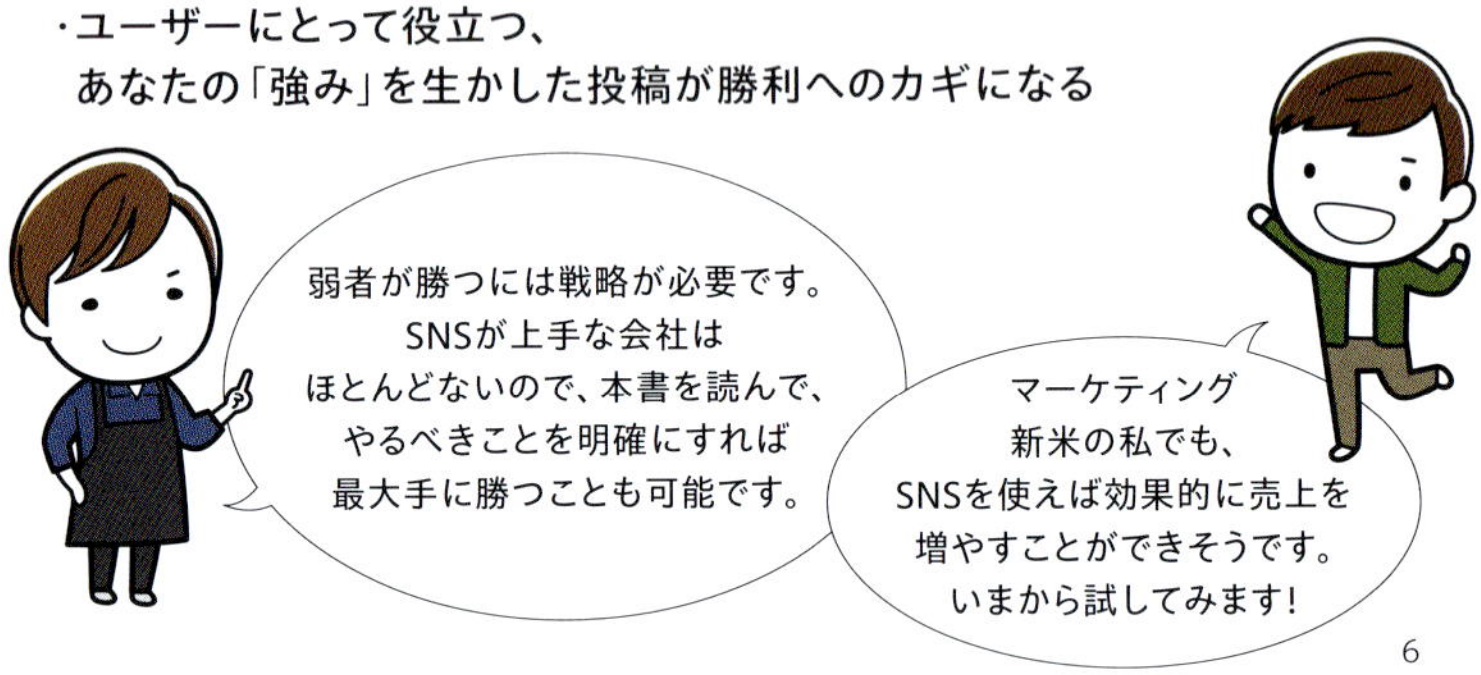
弱者が勝つには戦略が必要です。SNSが上手な会社はほとんどないので、本書を読んで、やるべきことを明確にすれば最大手に勝つことも可能です。
マーケティング新米の私でも、SNSを使えば効果的に売上を増やすことができそうです。いまから試してみます！

絶対に失敗しない

SNSの教科書

イガゴー／五十嵐 豪

晶文社

装画・図解イラスト
すぴかあやか

グラフ作図
髙井 愛

ブックデザイン
アルビレオ

はじめに

二〇二一年一月、なんば市街のアパホテルで僕は再び、どん底へと落とされた。絶望の淵にいた僕の目の前に垂らされた一本のか細い糸を掴み、そこから光差す方へと少しずつ這い上がりはじめていたちょうどその時だった。

時刻は深夜一時をまわったところ。明日の大一番に備えて身体を休めようとしたその直後だった。一通の無慈悲なＬＩＮＥが手元に届いた。それは状況が一転したこと、つまり頼りにしていた糸が完全に切られてしまったことを示していた。

くやしさと、やり切れなさと、裏切りに対する怒りと、さまざまな感情が一気に押し寄せ、それらでからだが震えたことは覚えているが、その日どうやって床についたのかについては記憶から完全に抜け落ちていた。

東京にかまえた事務所から新稼働する製造所までは片道六時間。同じ所要時間でシンガポールまで行けるほど離れた場所にあった「売り上げゼロ、資産価値ゼロの町工場」を事業承継してしまったことを、この日ほど後悔したことはなかった。

「こんなことなら……」

幾度も口に出そうになったその言葉をグッと飲み込み、それでも最善と呼べる手を探すことにした。詰んだ将棋盤は元に戻らないが、これは現実だ。まだ何か方法が残されているはずだ。

「諦めたらそこで終わり」という言葉はギリギリまで人を動かす熱を持っているが、同時に、諦めて楽になることを許さない、とても酷な言葉でもあった。

――この一年半後、この誰もいなくなった寂れた工場が〝日本一〟になることを、まだ誰も知らない。

*

あなたはなぜ、この本を手に取ってくれたのでしょうか？

もちろんいくつも理由があると思いますが、大きくとらえると**「他の圧倒的多数の中に埋もれたくない」**ということがあるのではないかと思います。

今日、起業や商品開発を取り巻く環境は厳しさを増す一方です。

一念発起してオープンしたが、お客さんのこない飲食店。開発期間の長さの割に、誰にも知られず一瞬で消えていく商品。担当者の自信に反比例して、競り負けているサービス。地道に作られた良いものがどんどんパクられ、より洗練された状態で生産され流されて行く現代。

「何をやっても報われない……」

「この先大丈夫なのだろうか……」

頑張っている人ほど、そんな虚無感や不安、悩みに苛まれているのではないでしょうか。

いままでこそこのように本を執筆している僕ですが、そんな皆さん同様、これまで、幾度となく襲いくる悩みに必死に抗い、数々の眠れぬ夜を過ごしてきました。

頑張っている人に寄り添い、少しでも成功の確度を高めてほしい。

誰かだけが得するのではなく、皆が成功する方法を伝えたい。誰もが安心してモノづくりや商いに取り組んでほしい。

そんな気持ちで本書を皆さんに送り届けようと思っています。

＊

少しだけ、いまに至るまでの僕の話をさせてください。

僕には仕事が二つあります。

一つはSNSを活用して食品企業のクリエイティブ・プロモーションを支援する広告代理店。もう一つは自ら食品企業を経営してtoroaというスイーツの製造と販売をする食品製造業です。

広告代理店としての仕事は動画、ホームページ、写真、制作物の企画と制作を受託制作するものです。

起業するまでに培《つちか》ってきた知識や経験を基に、「食に特化した制作会社で、食品に強い」という触れ込みではじめた仕事は当初、クライアントは二割が食品会社、八割が広告代理店と制作会社の下請けでした。

自分のセンスと提案力にはそれなりに自信を持っていましたが、僕の会社がこの世界に参入する前から、規模の大きな会社にはすでにどこかしらの制作会社や広告代理店がついていて、A社に頼んでも、B社に頼んでも、C社に頼んでもそれなりに発注側が満足できるレベルの制作物ができあがっているということが、実際に仕事をしていくうちに次第にわかってきたのです。

そして、それら「満足できる制作物」を超えて、僕の会社に頼まないといけない理由や、それらの会社より僕の会社が「**強み**」を持っているわけではない、と気がついたとき、うっすらと思い描いていた「僕の会社の価値」というものがまったく役に立たないのだ、と思い知らされました。

「食に特化した制作会社で、食品に強い」という言葉は、はじめて耳にする人にとっては、それなりに需要や価値があるように思えますが、実際のところは「扱っている仕事のうち、食品の割合が多い」という事実があるだけで、具体的に示せるものが何一つありませんでした。それは主観的で、楽観的で、自分の都合のよいように解釈した「強み」でしかなかったのです。

クライアント、あるいはお客さまの側に立って考えた時、独りよがりで思い込んでいた「強み」は崩壊します。相手の立場に立っていない状態で一方的に提案される強みには何の価値もありません。

そこに気がつくまでに会社立ち上げから9年が経過していました。

もちろん……薄々はそのことを感じていました。でも、認めたくなかったのだと思います。しかし、プレゼンや競合で失注することが重なり、容赦なくその事実が突きつけられることで、向き合わざるを得なくなったというのが本音です。

その時点で自分一人でしたら、なんとか食いつないでいけるだけの仕事の量やコネクションはありました。徐々に規模を小さくし、そちらにシフトしていくという道もあったのです。しかし、ある程度の社員数もいて、事務所も借りている状態で、それらを無責任に投げ出すことはできませんでした。

といってこのまま動かなければ、ただ埋もれていくのみ。次第に先細りになるのを待つしかないのは明らかでした。

一体、どうすればよいのだろうか……。誰にも相談することもできず、ひたすら悩むだけの日々が続きます。


二〇一八年ごろ、ＳＮＳでは発信力をもつクリエイターに仕事が集まっていました。ＷＥＢライターなどでも人気のある人は、その人気が付加価値となり、発信されるプロモーションタイアップの記事も好意的に受け取られるようになっていたのです。

人気のある人がより人気になる。知られているものがより知られるようになる。そんなＳＮＳの世界。しかし、どれほど「人気のある人」も最初から人気があったわけではないはずです。

もし、まったく知られていない状態からでも、さまざまな努力や施策、試案を積み重ねることで、「有名」（その通り名が知られるよう）になったら……。

僕は会社の現預金を確認して腹を括る準備をしました。

──二年間、赤字をたれ流してもいいから、この会社に「**強み**」をつくる。

誰かが偶然もたらしてくれるものでも、伝統と歴史と信頼から生まれるものでもなく、自らの手で「強み」をつくる。

それしかありませんでした。

この「断固たる決意」をもって、銀行から可能な限りの融資を受け、僕たちはＳＮＳに明け暮れることになったのです。

さて、もう一つの仕事である食品製造業についてもお話ししておきたいと思います。未だ成功しているとは言えない広告代理店（僕らのことです）が、なぜ、まったくの異業種ともいえるスイーツの製造と販売に携わることになったか、について。

僕の中には、会社を立ち上げたときからの夢として、食に特化した広告代理店が食品会社を経営してヒット商品をつくれたら「この会社のクリエイティブは本物だ」と誰が見ても明らかになるはず、という構図がありました。

ＳＮＳに奮闘していた二〇二〇年。縁あって売り上げゼロで廃業を待つだけの日本料理の町工場を事業承継することになったのです。翌年、念願かなって、誰も体験したことのない唯一無二の極上スイーツを製造する〝toroa〟をサービスリリースし、食品製造業の一歩目を踏み出すことができたのです。

もちろん大手食品メーカーが広告費用を削るためにハウスエージェンシーをつくるというのは、珍しい話ではなく、どこでもやっていることです。

一方で僕らの会社のように弱小零細の広告会社が、先行投資の大きい製造業をはじめるなんて、少しでも業界を知る人に話せば「間違いなく失敗する」「絶対にやめたほうがよい」

と言われるレベルのクレイジーな決断でもありました。

そして、案の定、事業は難航し、冒頭に記したようなとんでもない苦境に陥ることにもなるのです――が、それについてはまた別の物語。お話を先に進めましょう。

＊

決死の覚悟から約三年が経ちました。

ゼロから始まったＳＮＳへの挑戦は、いまやフォロワー数一一〇万人を抱えるアカウントへと育ちました。

また、間違いなく失敗すると思われた食品製造業については、日本最大級のお取り寄せ情報サイト「おとりよせネット」の「みんなで選ぶベストお取り寄せ大賞二〇二二」で、なんとtoroaの「とろ生チーズケーキ」が総合大賞を受賞するほどに。

こうして**食のＳＮＳに特に強い知識と経験を持つ**ことがフォロワー数によって証明され、また**自社で食品工場を経営することで、実務で培ったプロモーションに関する知見**も多々得られるようになりました。

そしてそれらを掛け算することで「強み」へと昇華することができた僕らの会社は、広告代理店としてまるごとプロモーションを任せてもらえる会社へと育つことができたのです。

僕の会社のクライアントとなっている食品会社さんの中には長い歴史を持つ会社も多く、何年もの間売り上げを伸ばすヒット商品がその経営を支えていることもしばしばあります。

つまり、「変化しないこと」＝「継続すること」で生き残ってきたという経験があるので、これまで試したことのないプロモーションや広報活動にお金を投じることには、非常に慎重になる傾向があります。会社の歴史を経験し、詳細にわたって把握している、決裁権のある上層部の方ほど、変化を怖がり、慎重になる面があると感じています。

デジタルプロモーションという彼らにとって未開の土地に、自らが手塩にかけて育てた商品を上陸させるかどうか悩んでいる企業が一番知りたいことは何でしょうか？

それは「その世界にチャレンジすると、実際にどうなるのか」ということです。つまり、「やる前からある程度具体的な答えが知りたい」わけです。

これまでの多くの広告代理店その他において、実際にそうした答えを事前に提示することができるケースはそれほど多くなかったでしょう。

しかし、僕らの会社はそれができます。

すでに自社でリスクを取り、商品開発からプロモーション展開まで行ってきた経験を、メリットだけでなくデメリットも含めて伝えることで、慎重になっている人たちの気持ちを一歩、二歩と前進させることができます。それは「安心」を提供しているともいえるかもしれません。その時、単なるコンサルティングや提案をしているのではなく、「伴走感」を受け取ってもらえているように感じられます。

*

このようにSNSに全振りしたことによって、辛うじて活路が開けた僕らの試みですが、「SNSはバズったらすぐに超有名になって商売大繁盛、お金も儲かって、やることなすこと全部うまくいく!」という状態を**絶対に期待してはいけません**。

一見派手に見える成功者の裏側には死屍累々《ししるいるい》、残酷な現実が横たわっているとイメージしていただきたいのです。

僕たちは芸能人でも有名人でもありません。あくまでそれぞれの目標を達成するためのツールとしてSNS(との距離感/についての取り組み)を考える必要があります。

また同時に、SNSと向き合うことは「自分を育てるためのツール」にもなります。発信力をあげることはもちろんのこと、その過程であなたが気づいていないたくさんの能力を開花させることができると思います。

本書では、あなたと同じように最初は何も強みが見い出せなかった僕が、取り組み続けるなかで「成長」を見い出した、確度の高い〝SNSで成功する方法〟について隠すところなく紹介しようと思っています。

SNSは一〇〇メートル走ではなく、マラソンだと思ってもらうとわかりやすいかもしれません。一歩一歩前に進み、コツコツやっていくことで、必ず力がつき、踏破できる。そして、その過程でついた力により、トリッキーなことを必要とせずとも人から信頼を得ることができるようになり、仕事とプライベートに好影響を及ぼすようになるはず。

とはいっても、すでに事業を始めてしまっている人にとっては、ちょっとした失敗が取り返しのつかないことになってしまうのではないか、という不安が常につきまとってしまうものだというのもよくわかります。

そこで、本書では思い出せる限りの僕自身の失敗を振り返り、それに応えるかたちで構成を考えました。本書をガイドにSNSに取り組んでいただけたら、なるべく安全にチャレンジができるのではないかと思います。

あなたがほんの少しのリスクをとることで、皆が幸せになる方法があるかもしれません。

SNSという未開の地に上陸する覚悟はありますか？

経験したことのないことにはじめて足を踏み出すのは誰にとっても怖いことです。けれども、しばらくその地に留まり、そこでの生活が当たり前になれば、いまあなたが抱えている悩みの多くが解決できるはずです。

ぜひ、新しい挑戦への扉を、次のページをめくると共に開いていただけたらと思います。

目次

第1章

SNSとは何か

なぜSNSをやるべきなのか

ＳＮＳがテレビを超えた、というニュースに広告業界が震えました。

二〇二〇年、僕たち日本人はテレビを見る二倍の時間をＳＮＳに費やしました。スマホ全体での接触時間はテレビの四倍となります。

僕らはスマホで浴びるようにエンタメとコミュニケーションと接触するようになりました。あなたが商売をしようというとき、顧客の消費行動の変化は無視することはできません。

ＢｔｏＢ（Business to Business）のビジネスをしているあなたの顧客企業の担当者も、決裁者である部長も、その家族も、皆等しくＳＮＳから情報を得ています。

当然、ＢｔｏＣ（Business to Customer）のビジネスをしている人にとって、ＳＮＳをやらないという選択肢はありません。東京から大阪に行くのに、新幹線や飛行機を使わず、徒歩やヒッチハイクで向かうというビジネスパーソンを想像できますか？　それらがあり得ないのと同様に、ＳＮＳに取り組まないということはあり得ない時代になってきました。

SNSの影響力

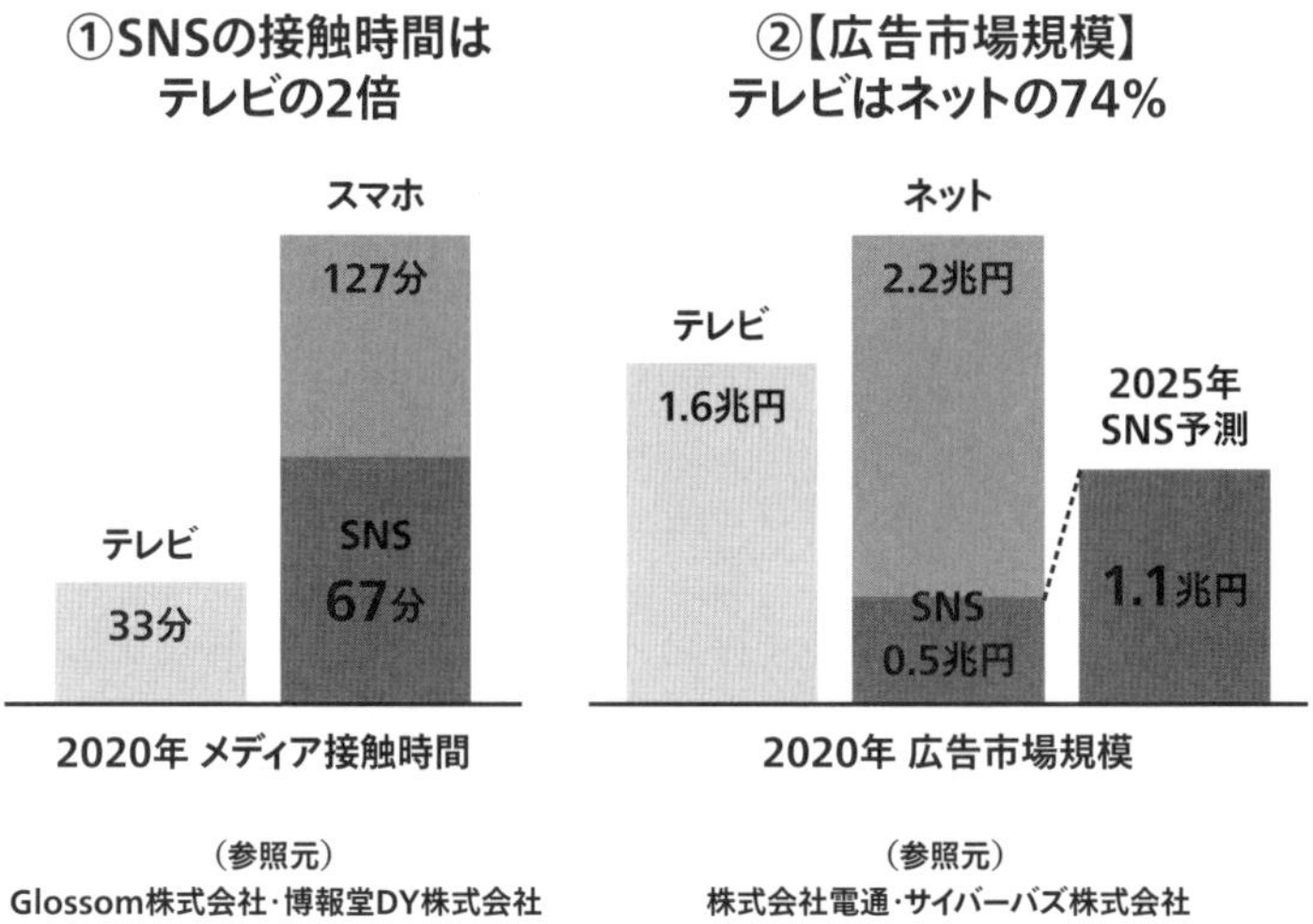

（参照元）
Glossom株式会社・博報堂DY株式会社

（参照元）
株式会社電通・サイバーバズ株式会社

企業のブランドコミュニケーションもＳＮＳに置き換わる潮流にあります。

広告プロモーションのマーケットもテレビ広告の影響力が下落傾向にある一方で、デジタル広告が増えています。世のプロモーションの主戦場が変わっているのです。ＳＮＳで市場のポジションを取れないとプロモーションで競合に負けるということになります。

たとえば、あなたがソーセージのメーカーに勤めていたとして、他社のソーセージがすでにＳＮＳで脚光を浴びているのならば、**今すぐに対策が必要になります。**というのも、ＳＮＳで話題になっているものがＴＶや雑誌で取り上げられる傾向にあるからです。マーケティングは戦場です。戦略は情報の川上にポジションを取る、一択です。

日本においてはＳＮＳでポジションを取る

ことが特に有利になります。

『世界人口推計2024年版』によると世界人口は約八二億人に到達しています。その内、SNSユーザーは四六億人。ざっと計算して、約五〇パーセントの割合になります。一方、日本国内の人口約一億二〇〇〇万人（統計局）に対して、SNSユーザーは八二七〇万人（ICT総研）と約七〇パーセントの割合となります。つまり、日本においては世界全域の割合と比べてSNSのマーケットが浸透しているわけです。

よって、あなたの分野においてSNSを伸ばすことができれば、市場に大きく食い込めるインパクトがあるのです。

日々刻々、マーケティングは複雑化しています。もはや小中高でクラスの同級生が同じテレビを見て、翌日は教室でその話をし、家族皆が知っている歌があって、誰もが知るタレントが活躍するという時代は終わりました。個々人がスマホを持ち、それぞれの好みにあったメディアとコミュニティから情報を得ていることで、価値観は多様化して「誰もが行きたい店」「誰もが欲しい商品」「誰もが憧れるステータス」はほぼ存在しなくなりました。

それでも僕たちは「仕事」をしなくてはなりません。それほどまでに難しい時代でも商売を続ける必要があるのです。

そこでおすすめするのがSNSなのです。

SNSをツールとして活用することで、あなたの仕事や商いを研磨する素晴らしい味方になります。いま、すでに集客が苦しい店舗や会社を経営してるあなた、個人事業主として独立したものの仕事が十分に手に入らないあなた。来月と言わず、明日が不安で眠れない夜を過ごすなら、起きて働く……いや、SNSに取り組み始めましょう！


SNSがあなたの夢や理想を叶えるポイントとして、

・プロモーションコストの安さ
・ターゲットが狭く深い
・熱量の高いファンに出会える可能性

があります。こうした話は他のSNS教本にも書かれている内容だと思います。

そこから敷衍《ふえん》して、SNSでバズればガランとした店内がお客さまで埋まる、というイメージを持たれるかもしれません。しかし、**まず一度、「SNS＝集客ツール」という期待を捨てて**ください。もちろんこうしたメリットがあることは否定しませんし、結果的にお客さまが来てくださる可能性はあります。

けれど、仮にバズらずとも、確実にあなたがSNSで成功するための確度を上げることはできます。その方法をこれからお伝えしていきます。

が、本書において特に推したいのは、SNSに取り組むことが集客の向上やビジネスに金銭的なメリットをもたらすということだけではなく、実は仕事に必要な能力を成長させてくれる、という点なのです。SNSに取り組むことで、商いそのものの発展やリスク回避のために必要なことが具体的に見えるようになります。

SNSに取り組むことで、あなたは優秀なプランナー、リサーチャー、マーケター、センシティブなリスク管理者、コピーライター、演出家へと飛躍できる可能性があります。

もしあなたが企業広報や小売店の店主、飲食店の店主ではなく、クリエイターだとしたら。SNSに取り組むことで、クリエイターとして競合者を圧倒する、「ディレクター視点」を手に入れることができるでしょう。

ディレクター視点とは、自らの立場だけでなく、クライアント（企業）のビジネスを理解し、ユーザーにとってのメリットを掴み、提供する、全体を俯瞰できる視点です。クリエイティブな能力のみならず、ディレクターの視点でクライアントが置かれている競争環境を把握することができると、クライアントの強みを生かしたクリエイティブを制作できるはずです。

それが叶った時、競合するクリエイターたちより高い価値を提供できるようになります。

そして顧客満足度も上がり、あなた自身の商いも豊かになります。

＊

僕がＳＮＳに全振りしたのは悔しさからでした。

競合他社とは横並びで、「自分たちだけの価値」を言語化することもままならない状況。なんとかしてこの現実を変えたい。そう強く思ったことからＳＮＳを最後の希望として掴み取るために手を伸ばしたのです。

僕らがＳＮＳに本格的に参入したのは、いまから約三年前なので、かなり後発といえるでしょう。しかし、その後もＳＮＳにはどんどん新しいプレイヤーが現れています。そう、あなたもその一人です。

「遅すぎる」という概念そのものが古いものかもしれません。なぜなら、事実ベースで見ると、国内の人口における減少傾向とは逆に、ＳＮＳの人口は増え続けているからです。そのくらいＳＮＳは僕らの生活に浸透していて、常に新しいプレイヤーを迎え続けているのです。

とはいえ……原則として、参入が早ければ早いほど先行者利益を得られるのがこの世界の常識です。早くやっていれば特に工夫はいらなかったところ（というと語弊はありますが）、後発のプレイヤーには圧倒的な工夫が求められます。

そうしたギャップを超えて成功をつかむには、やはり信念が必要となります。

この本を手に取ったあなたにもう一度うかがいます。

あなたはなぜこの本を手に取ったのでしょうか。

理想とする生き方とギャップがあるからですか？

希望する商売の状況とギャップがあるからですか？

ＳＮＳで成功する何かのヒントが欲しいからですか？

なんでもかまいません。そうした出発点から見出される課題を抱いて本書を読み進めてみてください。

その課題は、全部ＳＮＳで解決できます。

そもそもSNSとは何か

読者の皆さんの中には、まったくSNSについて知らずに本書を手に取られる方もいらっしゃるかもしれません。そこで、SNSをスタートする前に必要な最低限の情報をお伝えしておきます。基本としては、実際に手を動かしてもらいながら学んでいただくのが一番だと考えています。しかし、右も左もわからない状態では何に手を付けたらよいかわからない、ということもあるかと思い、全体像を把握していただくためにここに記しておきます。

SNSとは「ソーシャルネットワーキングサービス」の略称です。ユーザー同士が相互に関係しあって体験をつくるネットサービスのことを指します。すべてのSNSで共通してユーザーが主に使える機能は五つで「投稿」「フォロー」「いいね」「コメント」「シェア」になります。

ユーザーは自分の「タイムライン」に「コンテンツ」を「投稿」します。テキスト、写真、動画、音楽などを総称して「コンテンツ」と呼び、一般的にメディアの内容のことをコンテンツと呼んでいます。

ユーザーは他ユーザーを「フォロー」（そのユーザーの投稿を追いかけて見るという選択）することで、他ユーザーの投稿を自分の「タイムライン」で見ることができるようになります。タイムラインとは、フォローしているユーザーが投稿するコンテンツが、時系列順に表示されているスペースのことです。

「いいね」という評価システムもSNS特有の文化です。昨今のSNSはメディアとしての価値を高めるために、ユーザーの趣向に合ったコンテンツを学習して表示させることをします（X［旧Twitter］だけはこれをやっていません）。ユーザーが「いいね」を押すことで投稿されたコンテンツに高評価がつけられ、いいね評価が増えたコンテンツはタイムライン上での表示頻度が増える仕組みです。

また投稿には「コメント」を行うことも可能で、互いにコメントしあうことでユーザー同士が交流でき、そうしたコメントをコンテンツの評価につなげるSNSもあります。その他「シェア」（旧TwitterだとRT［リツイート］、Xだとリポストなど）という機能もあり、そのボタンを押すと自分をフォローしてくれている人たちに他ユーザーのコンテンツを表示させることができます。

これらの機能を使ってユーザーはさまざまな楽しみ方ができます。

情報収集に使ったり、友だちとコミュニケーションしたり、知らない人と出会ったり、仕事でのマーケティングに活用したり。また趣味が近い人と出会うだけでなく、取り引きをしたり、誰にも言えない本音を裏アカ（裏アカウント）で吐露したりすることも可能です。一人一アカウントが原則ですが、慣れている人は、Xやインスタグラムなどでは目的ごとに複数のアカウントを使い分けることも多いです。

以上がSNSの構造の基本情報です。

SNSをブランディングにおけるコミュニケーション手段として利用するために知っておいた方がよい仕組みとして、フォロワー数を増やすことで、あなたが投稿したコンテンツが届く「リーチ数」を増やせるということがあります。つまりより多くの人にコンテンツに触れてもらう機会を作ることができるようになります。ブランドの認知度を高め、ユーザーとのコミュニケーションを深めるために、リーチ数を増やし、アクティブなフォロワーを増やすことを目指しましょう。

たんにフォロワーを増やす、ではなく、アクティブなフォロワーと記したのには理由があります。先にも申しましたが、一人で複数のアカウントを運営するのが現代のSNSの使い方のデフォルトになります。普段そのユーザーが利用していないアカウントにフォローされてもあまり意味がありません。「このアカウントのコンテンツはチェックしよう」という理由でフォローされていないと、どれだけフォロワー数が多くても、ブランディング上の効果は薄くなります。

また逆に、数が少なくとも常時チェックして、反応してくれるフォロワーを獲得できれば、それは大きな力になります。そうしたフォロワーを積み上げていけるような投稿を重ねられるように目指しましょう。

SNSの種類とユーザーの特徴

ここで、現在主要なSNSの紹介と違いを概観したいと思います。それぞれの「得意」「不得意」を知ることで、よりあなたの目標にあったSNSの選択と取るべき戦略が見えてくると思います。

Facebook

Facebookは世界で最も活用されているSNSです。しかし、日本でのユーザーはそれほどアクティブではありません。元々は若者中心のメディアだったのですが、「実名登録」が必要になるなど、公共性が高く、また企業の偉い人たちなどのリアルなネットワークがそのまま移植されるような側面もあり、立場の弱い若者たちは離れていきました。

主要なSNSの中では最もクローズドで、基本的には相互フォロー（一方的なフォローができない）となっており、実際に顔を見知っている人とのみつながるケースが多いと思います。

「Facebookページ」という機能でブランドのアカウントを作ることができ、一時は企業がフォロワーを増やすために広告費を注ぎ込んだ時もありましたが、企業にとって大幅な改悪が行われ、リーチ数が激減したために、多くの企業は離れていきました。現在、唯一使えるのはFacebook広告です。このSNSでは広告費を使わないとリーチはまったく期待できなくなっています。

動画の投稿については回遊性が高いので、リーチする可能性はありますが、コンテンツが面白くないといけない（エンタメ性を求められる）ので、制作コストは高くなります。

X（旧Twitter）

YouTubeのようなほぼ受動的メディアを除けば、日本国内で最もアクティブユーザーが多いSNSです。一四〇字の文字数制限だけで投稿する気楽さ、運営による調整が他のSNSに比べて少ない、タイムラインのシンプルな機能、鍵付きアカウント（フォローを許可した人にしか見られない設定）、リポスト（シェアと同様の仕組み）などの機能が特徴的です。最もオープンなSNSで、行った投稿については自らのフォロワー以外でも見ることができます。つまりフォロワー数の多いインフルエンサーが拡散してくれれば、大量のリーチ数を獲得できるわけです。これはかなりの魅力です（一方で、「炎上」というかたちでネガティブに情報が拡散してしまうこともあります）。

他のSNSと違って動画を使わなくてもリーチ数、いいね数が伸びるので、最もコンテンツ制作コストが低いのも魅力です。

Instagram

Xに続いてアクティブユーザーが多いSNSです。Meta社が買収して運営元となっているので、Facebookのポリシーを色濃くもちます。そのため突然アルゴリズムが変わって、企業アカウントのリーチ数が激減するなどの改悪も起きます。現在は広告を使わないと投稿は伸びません。

これは多くのSNSについて言えることですが、特にInstagramは**先に始めた人が得**です。運営のおすすめに紹介されればリーチ数が伸びることがあり、フォロワーも増えますが、やはりルールが変わることがあるので非常に動きは読みにくいです。

弊社フードクリエイティブファクトリーでも一時は一日一四〇〇～二〇〇〇人ほどフォロワーが爆増していたこともあったのですが、アルゴリズムの変化でリーチ数が激減したため、費用対効果が見合わないと判断しInstagramをほぼ撤退しました。

弊社のブランドtoroaでもInstagramのインフルエンサーとタイアップしたキャンペーンを展開したこともありましたが、リーチコストが極めて高かったので、もう取り組むことはないと思われます。Facebookと同様、唯一使えるのはInstagram広告です。

YouTube

Googleが展開する世界最大の動画プラットフォームです。企業としては取り組むには「長尺動画」(ある程度長い時間のコンテンツ)で戦うことになるため、制作コストが非常に高く、かつアルゴリズムがコロコロ変わり、地道に動画を上げ続ける以外に明確な攻略法がないため、企業プロモーションとして考えると投資効果はかなり低いものと思われます。

またチャンネル登録が再生数に比例する関係性は薄く、運営から「おすすめ動画」として扱われないと新規参入が浮上するのは難しいと言えるでしょう。企業が一からチャンネル登録者数を増やそうと考えるならば、費用には見合わないと思います。

YouTubeに動画を上げるクリエイター「YouTuber」たちは、視聴者と強いエンゲージをもっており、彼らとコラボすることで関心を得ることが可能です。ただしYouTuberのコラボ費用はチャンネル登録者数一〇万人に対して五〇万円など、リーチコストに見合わないことも多く、タイアップは割高になると思われます。

TikTok

YouTubeに対して、短尺の動画プラットフォームになります。ショート動画が中心で、一般の人も面白い動画を上げているため回遊率が高い。運営がおすすめ表示すると爆伸びしますが、逆に運営がおすすめ表示した動画以外は伸びない、ということもあり、運営アルゴリズムに最も依存するSNSになります。

一〇代、二〇代のユーザーはリアルな友だちとつながって、ダンスや顔出しした動画を上げて楽しんでいますが、より年代が上になるユーザーたちはハウツー系の動画を中心に上げており、投稿者は少ないです。歌、ダンス、飲食店で映えるスイーツなどがこのSNSで大きくバズって人気に火がつきやすい。

上記SNSについてそれぞれの特徴とマーケティングの肌感覚を紹介しました。実際にすべてのSNSにユーザー登録して遊んでみて、自分の肌感覚を得ることをお勧めします。誰かから聞いた話ばかりを根拠にしていては、SNSマーケティングのセンスが育ちません。

SNSは体感的にセンスを養う必要があります。

座学はこのあたりで終了し、次章からより実践的なお話を進めていこうと思います。

第 2 章

考えるより、
実践しようSNS

はじめにやるべきこと、
考えるべきこと

ブランドのＳＮＳ担当者になる

この本が、あなたにとってもっとも役立つようにするために、お願いしたいことが一つだけあります。

ぜひ、**自社ブランドのＳＮＳ担当になって**ください！

個人事業等でお店をやってる人も、自社のＳＮＳ上での影響力を伸ばそうとしている人も、フリーランスのクリエイターも、他にはない特別なスキルが欲しくて、特に理由なく本書を手に取られたあなたも、等しくブランドのＳＮＳ担当に、まずなってください。

ブランド（brand）とは英和辞典を引くと「特定生産者による品物」とあります。包括的な概念なので多様に解釈できそうです。が、本書では「ブランド」という語を体感的に理解してもらうことが大事だと考えています。

これからブランド、と言ったときには「**あなたの商品に付加価値をつけるラベル**」と認識するようにしてください。中華料理屋さんならば「野菜炒め」という製品に「〝来来軒の〟野菜炒め」というラベルをつけることがそれにあたります。仮に来来軒というブランド名称

ブランドの価値を最速で、最短で、確実に高めることができるのが「SNS」

に「行列のできる」という意味が付加されていれば、他の中華料理屋さんの野菜炒めと比べて、来々軒の野菜炒めの価値が特に高く感じられることになるでしょう。ブランドというのはこのように使われるものです。東京都北区赤羽周辺では有名な来来軒が、もし通販を始めたとしましょう。そのブランドの価値を理解しているお客さまはわざわざお取り寄せをして購入してくれるはずです。ブランドが「**買う理由**」になっているからです。

ただし、**ブランドは他ブランドと常に競合状態**にあります。

同時期に中華レストランでミシュラン一つ星をもつ「北斗神軒」も通販を始めました。来来軒は赤羽エリアでは有名ですが、北斗神軒は全国的な知名度を持つ強力なブランドです。真っ向勝負をしてはシェア率に差が出るので、当然不利になります。

ですが、ここでさらに価値を高めることで勝負に持ち込むことができます。それは、「ブランドを特化させる」という方法を使います。たとえば、同じ「中華料理の」というブランドだけでは勝てなくても、来来軒に「餃子が人気の」という特化を加えることができると、餃子に関しては北斗神軒よりも価値を持たせられるようになります。それにより、全国区の餃子ファンに商品をアピールすることが可能になります。

つまり、製品・商品・サービスの力だけでなく、そこにブランドが加わることで（またその加え方によって）、価値が大きく変わってくるのです。ブランドの力というのは、それだけ大きなものなのです。来来軒と北斗神軒の認知と実績の差は埋まっていないのに、餃子を尖らせるだけで餃子においては「専門店の方が美味しそう」という認識が起きて選ばれるようになります。ブランドは人それぞれが持つ価値観や認知の歪みによって良くも悪くも情緒的で、感覚的に、判断されることが多くあります。

さて、突然のお願いだったSNS担当への任命ですが、その理由がうっすらとお分かりいただけたでしょうか。

どのような形であれ、社会人として働いていれば、市場に対して何らかのサービスや製品を提供する立場にいるはずです。売り込むのが「自分」である（モデルや俳優、カメラマン等々）個人事業主の方々も同様です。

ブランドの価値が高まることで、製品・会社・自分の価値が高まります。そして、**ブランドの価値を最速で、最短で、確実に高めることができるのがSNS**なのです。

担当を命じられた時にやるべきこと——まずはSNSで遊んでみよう

SNS担当となったとき、最初にすべきことはなんでしょうか？

それは、**とにかくそれで遊んでみること**、です。新しいゲームを購入したとき、まず取扱説明書を熟読して、完璧に構造と操作法を理解してからそれらに取り組む人……はそれほど多くないのではないでしょうか？　どちらかというと、「とりあえずやってみる」の精神で、スイッチを入れ、コントローラーを持ち、ゲームの世界に入ってみることが多いような気がします。

ＳＮＳについても同様です。ビジネスで利用する！と意気込んで、絶対に成功するぞ！と肩に力が入った状態ではブランド力を高めることはできません（もちろん、大きな失敗をしてしまうと会社にダメージを与えてしまうので、絶対にやってはいけない失敗については後で丁寧に紹介いたします）。

それよりも、まずは遊びの感覚でＳＮＳの世界に入ってみてください。実は、それだけで競合他社のＳＮＳ担当者より先に行けるのです。私がお仕事をご一緒させていただいている会社のＳＮＳ担当さんや、部下にＳＮＳをやりなさいと指示している上層部の方々、ならびに社長さんたちは**ＳＮＳで遊んでいません**。

遊びついでに、企業系ＳＮＳのタイムラインを見てみてください。いまやっているキャンペーンを認知させたいがために、毎日ずっと同じ内容のキャンペーン投稿をリポストしているアカウント。羊羹の商品を扱っているので、毎朝「おはようかん」をくり返すアカウント。こうしたアカウントを運営しているのは、きわめて**真面目な企業人**の方々ばかりです。真面目な方々は往々にして受け手の気持ちをくむより、伝えたいことをくり返し投げ続けてしまう傾向があると思います。もちろん、通常の業務であれば、それで評価も上がりますし、信頼もされると思います。が、ここはＳＮＳです。そうした行為により、実はブランドとユーザーの距離が次第に開いていってしまっているのです。そうなってしまうと成果を出すことは難しいでしょう。

今から二〇分間、
本から目を離して
Xで新しいアカウントを
立ち上げてください。

真面目だとダメなのか……。そう落胆する必要はありません。真面目で丁寧で綿密な人に、ちょっとした遊び心が加わったとしたらどうなるでしょうか。最強になります！

SNSはやり始めると中毒性があります。宿題をやらなきゃならない高校生も、仕事で忙しいはずの社会人も、原稿を前に締め切りに追われている私も、みな等しくXを見てしまいます。SNSの世界は**ある種の現実逃避のワンダーランド**になっているのです。

そのような世界で皆が喜ぶものは一体何でしょうか。端的に言えば、「暇つぶしになるエンタメコンテンツ」です。丁寧な商品説明より「ちょっと役立つ仕事術」が、実用的なものより「噛み合わないおばあちゃんとの会話語録」などへの関心が高くなり、拡散されていきます。

今から二〇分間、本から目を離してXで新しいアカウントを立ち上げてください。早く本を読み進めて「ブランドを高めて、集客を上げる方法」や「SNSで成功する方法」についての正解を得たい気持ちはよくわかります。しかし、仮に答えだけ知ることができたとしても、それを使いこなすことは難しいでしょう。最初に述べた通り、体感することが重要なのです。

知識だけで人気アカウントを生み出せるようなテクニックはありません。
運営する人のクリエイティブセンスを上げることでしか、そしてそれを継続することでしか成功は得られないのです。

本書には、ブランド担当として、またマーケティング担当として、プランナーとして、クリエイターとして、そのすべてのレベルを同時にあげるための方法が記されています。私が理解し、実践している技術についてはすべて記しています。

しかし、実際の話をすると、そうした技術や方法について、現場で使って（フィールドワークして）みないことには、それぞれのセンスのレベルを上げることはできません。

誰もが知っている名言があります。偉人の名言だけを切り取った名言集も売れています。しかし、その名言を知っているであろう多くの人がそれら偉人と同じような成功を収めているでしょうか。おそらくそうではないでしょう。それはなぜか。言葉は自分でつかんだものでないと意味がない、からです。自分自身が体験の中から生まれ出てきた言葉だけが本物です。

ということで、まずはやってみる。それが一番大事です。

現時点でメールアドレスがない人はGmailで新しいアカウントを作って登録するところから始めてください。

ＳＮＳの遊び方がいまいちよくわからない……。大丈夫です。皆、最初はよくわかっていません。というか、しばらくやっていてもよくわかっていない方も多いです。

好きなお笑い芸人さんやタレントさん、あるいはアーティストや漫画家さん、誰でもよいのでちょっと気になったらフォローしてみましょう。もちろん企業アカウントでもよいですし、名言botのようなものでもOKです！

関心のある領域、気になる人が見つかったら即、フォローしてみてください。まずは情報が流れているタイムラインをにぎやかにすることからスタートです。

ちゃんと遊んでますか？

ちゃんと遊んでない人はちゃんと遊んでください。遊ぶのサボってませんか？　ちゃんと仕事の手を止めて、休憩時間の合間をぬって、通勤の行き帰りで、遊んでください。

遊んでないのに仕事してはいけません。

遊ぶのをめんどくさがっていたらSNSユーザーの感覚は掴めません。まず遊んでみて、土壌をきちんと耕しておかないとすぐに限界がきてしまいます。限界とは何か。それは、「発想の豊かさ」につながるものです。最初に遊んでみて、いろいろな面白さを体験・体感しておくことで、アイディアの間口が非常に拡がっていきます。これもあり、あれもあり、とい

SNSで遊んでみよう

1 まずは新しいアカウントを立ち上げる
2 好きな芸人やアーティストをフォローする
3 情報が流れるタイムラインをにぎやかにする
実際に体感してみないと人気アカウントは生み出せない

う許容度が高くなります。そうした状態を自然に作っておくことで、いざ具体的に何かをしようと思ったときに、すでに自分が体験してきた「面白さ」の質を真似ることができるようになるのです（ここでいう真似はパクリとは似て非なるものです）。

大きい容器で育てる金魚ほど大きくなります。ここでは遊びを成長の機会ととらえて、どんどん取り組んでみてください。

さて、関心度の高い情報をフォローして遊んだら、今度は**一週間以内に役立ちそうな情報を発信しているアカウントをフォロー**してみましょう。

一週間以内に役立ちそうな情報、つま

り、友人との食事や飲み会などのネタになりそうなことを発信しているアカウント、自分が仲良くなりたい人（上司や同僚、気になる異性など）が見ていそうなアカウント、自炊する人は料理アカウント、外食好きの人はグルメアカウント、などなど。

ここで大事なのは、**「仕事の情報収集」という意識を捨てる**こと、です。

きちんと遊んでおけば、それは後からいくらでも行うことができます。またその程度のことは担当者であれば誰でもやっています。「仕事の情報収集程度のレベル」ができても、差をつけることはできません。仕事の情報収集と思ってやってしまうと、「仕事をした気」になりますよね。しかし、「それが仕事」になってしまうと、そこで止まってしまうのです。

私たちが目指すのは、「仕事としてＳＮＳを運用する」ことでしょうか？

そうではありません。やるべきは**「自社をブランドとして競合他社との差別化を行い、突出した存在にする」**ことです。

そのためには、まず、**純粋にユーザーの視点で楽しむ**体験が、まずは必要です。ヘビーユーザーにならなくてはいけないのです。

そのまま今度はさらに視野を広げて、あなたが男性ならＳＮＳで好評（いいねやリポストを多くされている）のヘアセットと洋服コーディネートを実践してみてください。女性であれば美容メイクアカウントをフォローして、おすすめメイクを実践して、そこで紹介されているプチプラコスメを買ってみてください。これが5000円前後でできるフィールドワークになります。

「SNSを使っている人はこうやって消費している」という体感をつかむことが重要です。

週末に都心部へ出かける予定をつくって、「#駅名+ランチ」でお店を探してみる。もし誰かと一緒に出かけるならば、その人とハッシュタグやスクリーンショットを共有してどこに行くか決めてみる。歩いていて美味しそうなお店を見つけたら、店舗名をX（旧Twitter）やインスタグラムで検索してみる。

あるいは、お掃除系のアカウントをフォローして、お掃除ハックを実践したり、おすすめされている「めちゃくちゃ汚れが取れる道具や洗剤」を購入して使ってみる。たとえば、それはTikTokを見るとよいかもしれません。洗面所の排水口に泡スプレーを差し込むと、排水管を通った黒い泡がみるみる出てくる動画が出てきます。それらの投稿者は実は子供だったり女子高生だったり、つまり「一般的に掃除道具を買うユーザー」と思われているのとはかけ離れた人たちで、彼らが掃除をエンタメ化して遊んでいるのがよくわかります。

アクセスする情報が複雑になってきたらメールアドレスをもう一個つくって、それぞれ専用アカウントを作って整理しましょう。メルカリの取引専用のアカウント、オタ活の発信専用のアカウント、仲のよい友だちには言えないことを言う鍵アカウントと裏アカウント、ななど、いろいろなアカウントを作ることもできます。

またSNSではさまざまな企業がプレゼントをタダで配っています。フォローしてリポストすればエントリー可能。そんなことをするなんてみっともない……と思わず、これらもフォローして登録してみてください。ほしい商品でも、そうでなくてもまずはフォローして応募してみよう。体験してみないと、「ユーザー側の視点」でそれがどういうことなのか理解できません。もちろんフォローしたアカウントが宣伝などでうるさくなってきたらリムーブ（フォロー解除）ブロック、ミュートといった機能を使って調整すればよいのです。

最低一日一回オープンなSNSであるXにアクセスして遊ぶこと。

Xはフォローしあっていないユーザー同士も継ぎ目なくつながっているので、情報の拡散性が高いという点でおすすめです。

次のページに遊び方についていろいろまとめておくので、どうしても方法がわからない方はそれらを一通り真似してみてください。

SNSの遊び方

おすすめメイクの実践、紹介されているプチプラコスメを購入
SNSで好評なヘアセットと洋服コーディネートを実践する
#駅名+ランチでお店を探す
LOVE
もう一つ別の「専用アカウント」(メルカリ用、オタ活用、etc)を作る
お掃除ハックを実践

SNSをやる目的

さてSNSを楽しむステップを終えたら「仕事」に戻りましょう。

さまざまなユーザー体験をすることで、皆がSNSに触れる多様な目的について感じ取ることができたと思います。

SNSは短距離走ではなくマラソンです。続ければ続けるだけ恩恵が得られるものですが（長距離走が走れば走っただけ距離を伸ばせるように）、多くの人は、**結果が出る前に耐えきれなくてやめてしまう**、あるいは**努力の方向が間違っているため続けてはいるのに結果が伴わない**、という状態に陥りがちです。

そうした状態の逆、つまり、**正しい方向に努力し、丹念に続けていけば誰でも結果を出すことが可能**なのです。

正しい方向とは何か。これは、まず、あなたがSNSを行う目的によって変わっていきます。そのため、目的をきちんと意識しておくことが重要です。大目的としては、ブランド担

SNSは短距離走ではなくマラソンです。
正しい方向に努力し、丹念に続けていけば
誰でも結果を出すことが可能なのです。

当として自社の商品を他とは違う突出したものにする。方法としては、自社ブランドのファンを増やす。

ではそのために、何をすればよいか。

いままでその商品を知らなかった人に対して、認知の機会を増やし、関心を持ってもらう必要があります。それには、ブランドアカウントの価値が高まることが最重要課題になります。

というように、いくつかのリンクがクリアになってくると、すべてが連関的に作用している、という構図がはっきりと見えてくると思います。

それでは、「SNSでブランドを磨く」ためのより具体的な考え方や取り組みについてみていきましょう。

タイミングが早いほど有利

さっそく最重要ポイントをお伝えします。**SNSは始めるタイミングが早いほど有利**です。これは間違いない事実です。

理由は単純で、競合が少ない方が、フォロワーが獲得しやすいためです。そして、SNSの世界の法則として、**フォロワーが多い人にフォローが集まる**傾向があります。ということは、もしSNSをやっていなかったとしたら、「やっていないだけ損」をしている、とも言えるでしょう。

もし次に何か新しいSNSが始まるとしたら、時を逃さず始めるのがよいでしょう。SNSに関しては先行者利益が莫大なものになります。たとえば、いまからインスタグラムを始めても一〇万フォロワーを超えて獲得するのは非常に難しいですし、それにチャレンジすることはおそらく割に合わないでしょう。

しかしインスタグラムが動画に力を入れているときは、動画をUPするだけで一日一五〇〇〜二〇〇〇人がフォローしてくれるという時期がありました。これはインスタグラム内のアルゴリズムが作用しているのですが、そうした動きに気づけるかどうかで大きく成果が変わってきます。

発信することが当たり前にできる経験値を上げておくことで、何かあった時のチャンスにも対応できるようになります。つまり、早く始めて、早く適応しておくほど有利になるのです。

では、もう後発組の私たちにはチャンスがあまりないのでしょうか。

実はそうでもないのです。

運とタイミングそして実力

身もフタもない話ですが、**SNSの成功要因は運とタイミングが大きい**といえます。これも早く始めた方が有利、ということと同様に間違いないと思っています。

技術や方法が知りたくて本を買ってまで読んでいるのに、運とタイミングが重要なら、どうにもしようがないではないか、と思われる方も多いでしょう。

「ラク速レシピ」を紹介しているラク速レシピのゆかりは投稿がTwitter（現X）のおすすめに毎月とりあげられたことで大きくフォロワーを伸ばしています。これは、彼女が早い段階からTwitterに取り組んでいて、競合が少ない状態のときから料理アカウントとして好感の高い投稿を高い密度でリリースしていたことが大きいです。これもTwitter初期段階のアルゴリズムで、いいね数の高い投稿をおすすめするということが大きな要因です。

この機能はその後なくなりました。よって、かつてほど大きな伸び方をすることがなくなりましたが、早いタイミングから行動していたことが功を奏しているのは間違いないと思います。

しかし、その裏にある事実も重要です。

運とタイミングを引き寄せるためにもっとも重要なのが、「**実力**」です。

運とタイミングはこちらでコントロールしにくい状態で並んでいますが、実力は鍛えていくことが可能です。そして運とタイミングが発動するための欠かせないトリガーとなっています。

たとえば、私のアカウントについていえば、二〇〇七年から料理研究家として活動してきていて、年間約二〇〇〇レシピを商品として納品してきた企画チームです。朝から晩まで料理の企画と制作の仕事にどっぷり浸かって鍛えられたスキルがあったからこそ、ウケる投稿を数打つことができました。

伸びる要因は運とタイミングですが、伸ばすことに目を向けるより、まず実力を高めることが大事だと考えています。そうすることで、誰かの投稿やアイディアをパクることなく、長く愛される投稿を無理なく続けていくことができます。

早く始められなかった私たちが運とタイミングをつかむ唯一の方法とは何か。

それは、**運とタイミングの波がやってくるまで、投稿を続けること**です！　忙しくても、アイディアに困っても、結果が出なくてもどかしくても、当たるまで続ける。それが王道です。実際にそうして向き合っていくなかで、突然ブレイクするアカウントを数々見てきています。もちろんそうしたアカウントたちなりの努力や仕掛けもあったと思いますが、それが実を結んだのは、「実を結ぶまで続けた」からでしょう。

本で「こうやればうまくいく」というテクニックだけを紹介したくないのは、そうしたテクニック「だけ」でセミプロになった人たちのほとんどが、実力不足で行き詰まり、挫折するということをよく理解しているからです。

もし、急に人気が出てきて、さまざまな出来事やオファーがあったとしても、それまでにきちんとした積み上げができていれば、その能力で対応ができ、生き残ることができます。もちろん、運やタイミングに頼らずとも実力が伴うことで、達成すべき目的が果たされることも多いでしょう。

うまくいかない、結果が出ない期間を「実力を養成する時期」ととらえ、変わらず丁寧に投稿を続けていきましょう。

運とタイミングの波がやってくるまで、
投稿を続けること。

ブランドならではの強みを認識する

あなたのブランドの「強み」は何ですか？

という問いに的確に答えられる人は案外多くありません。自分や自社のこととなると客観視が難しい、というのがその大きな理由かもしれません。強みを分析するためには客観性が必要になります。「強み」は自らだけでは生まれません。競合との比較によって、お客さまの視点の中に生まれるものです。まずその視点を獲得しなければ、分析を進めることができないのです。

あなたのブランドはどこに強みがあるでしょうか。比較されるブランドよりもどこが魅力的で、手に入れる価値が高いでしょうか。ブランドを育成する上ではこの問いが不可欠になります。

たとえば私たちが運営しているtoroaで考えると、食品メーカーとしては原料が高品質であるということがまずあります（そのため、そこに予算をかけすぎているとも言えますが）。つまり、ミシュラン星つき超高級店のデザートクオリティを「ちょっとご褒美に使える価格」

で買える、ということが魅力になるでしょう。

またフードクリエイティブファクトリーについていえば、端的にプロモーション会社です。フォロワー数〇から始めて一二〇万人まで獲得するにいたった実績と、〇から食品メーカーを始めて、年商五〇〇万円だった小さな町工場を二年で年商二・五億までV字回復させてお取り寄せ日本一を獲得した人気ブランドを育てた実績があります。そうした達成度を誇る会社にプロモーションを任せられるというのが、この会社の魅力になっています。

このように**強みは「お客さまが判断すること」**なので、主語はお客さまになります。先の例のいずれも、買える・任せられるの主語はお客さまです。

よく自社を主語にして強みが語られることがあります。「ウチの県の強みは日本一りんごを作っていること」など。これですと、視点がお客さま側にないので、強みとは言えません。しかし、少し視点をずらして、「日本一りんごを作っている県」だから「リンゴの品質競争が激しいため、特別に美味しいリンゴがお得に買えます」と言えると、それは強みになります。

自社、自分を主語に語られていた「間違った強み」は「だから」という接続詞を使って、お客さまを主語にした文章に着地することができると、「本当の強み」に転換することができるのです。

さて強みを認識したら、その強みに価値を感じてくれる人に届けましょう。

SNSのターゲティングは「浅くて〈も〉広く」がセオリーです。仔細にターゲットを分析し、ピンポイントで情報を投げかけても、本当にそれが見た人にハマっていないと拡散しません。

私は車のことがまったくわからないので、車好きにしかわからない投稿が、いいねやリツイートされて自分のタイムラインに流れてきても、まったく気づかずスルーしてしまっていると思います。しかし、車好き以外にも興味をひくようなストーリーや背景とともにその情報が流れてきたとしたら、ピンポイントの情報以外の部分に反応し、少し目を留めるでしょう。SNSを遊びで行うなかで気がついてほしいのは、そうした「関心のないジャンルの投稿が流れてきた場合、どういうときに目を留めて、どういうときにスルーするか」ということで、それによりユーザーの感覚を自ら身につけていただきたいのです。

たとえばtoroaにおけるコアなお客さまというのは、美味しいスイーツを食べ慣れた方たちです。一通り流行りのスイーツや有名店をチェックし、そうした中でどういう場合にどのお店を選ぶか、使い分けをしています。彼らのうち、まだtoroaに触れてもらっていない方々をターゲットにすると、原材料のよさやそれらの掛け合わせ、味の着地の繊細さなどをアピールし、また一度食べたらギフトには他の商品が使えなくなります、というようなアピールが効果的に思われますが、ここまで絞ってしまうとSNSではかなり上級者向けのコンテンツとなってしまい、その投稿が拡散される可能性が低くなってしまいます。

よって、もう少し照準をゆるくして、ちょっとスイーツが好きというあたりの人にも興味を持ってもらえるような内容にすることで、スイーツをコンビニでしか買わない人から、家でスイーツを作るのに興味がある人、あるいはコアなスイーツファンにまで届く投稿を作成できるようになります。

そうして拡散された投稿は「**多くの人の役に立つもの**」。逆算すると、多くの人の役に立つ投稿の元になっているということで、ブランドの価値が（いいね数の数値化を伴い）高まっていき、それが評判の高さにつながっていくのです。

というように、ことさらに筋道を立てて説明しようとすると、かなり煩雑になります。が、きちんと遊んでいただけると、感覚的にユーザーの振る舞いや感情的な動きが把握できると思います。習うより慣れろ、というところでしょうか。

私たちが商談している企業さまの中には、いろいろな提案を出した段階では「うちはレシピアカウントにしたくない」と反発される会社もあります。レシピアカウントとして運営していきます、とは伝えていないのですが、かなり抵抗が強いケースがある。そうした企業さまの多くのこれまでの投稿を見てみると、キャンペーン投稿と受け手にとってはあまり重要ではない「挨拶」がほとんどのことが多いのです。

こうした状況があまり好ましくないのは、すでにSNSである程度遊んでいただいている読者の方には当然のことだと思いますが、実際に体験し、肌感覚で感じ取っていただかないと、何が重要なのかなかなか十全には伝わりにくいということがあるのです。

SNSで遊んでもらうことで得られる最も重要なことは、自分事として「どうやったら自社ブランドのお客さまに喜んでもらえる投稿ができるか」を考えられるようになる。ということです。レシピを投稿するのも、お客さまに喜んでもらう方法の一つでしかないのです。遊んでみて、ご自身が楽しい、面白い、ためになった投稿にはどのようなものがあったでしょうか。そこを感じ取って、そこから逆算してみたらこれまでにはないアイディアが次々に湧いてくるのではないかと思います。

あくまで一例ですが、もし酒造メーカーや新規のお酒ブランドを立ち上げているのであれば、おいしい晩酌写真の撮り方を紹介することで口コミ投稿数が上がります。またそれが拡散されると、お酒好きだけでなく写真に興味があるユーザーにもリーチします。またおつまみやカクテルのレシピを投稿したり、直接関係ないように思われる飲み会でウケる会話術でも宴会芸でも何でもよいのです。

さまざまなユーザーが持つさまざまな興味の器に入るような形でコンテンツを変化させ投げ込んでいきましょう。単なる告知アカウントではなく、**ユーザーに愛されるアカウント**をコンテンツを変化させ投げ込んでいこう。

育てるべきなのです。

運を引き寄せるためのスピード感

突然ですが、運を引き寄せるために必要なのはなんだと思いますか？　日頃の行いでしょうか？　寺社仏閣への参拝でしょうか？　あるいは雑誌の後ろに乗っている広告にある不思議な石を購入することでしょうか……？

そのどれでもなく、私が考えるに、運を引き寄せるためにはスピードが必要不可欠なのです。私はとても運がいい（と思っている）のですが、運がいいと呼べる人に何人もお会いしてきた感覚からすると、運がいい人と運が悪い人の価値観はまったく違っているように思います。もちろん運というのはコントロール不能なものですが、運を味方につけられるかどうかは行動一つで大きく変化すると思うのです。

運が回ってこない、という人の多くは「運を待っている」ことが多いと思います。誰かに与えられるもの、回ってくるもの、何もしていないのにラッキーだった！というような状況を「運がよかった」ととらえていることが多い。しかし、冷静に考えてみて、何もしないで何かが得られるということなど、ほとんど起こりません。当たり前ですね。

運がよい人はどのように考えているのでしょうか。二〇一二年頃にあるコミュニケーションに関するトレーニングの講座（コミュニケーショントレーニングネットワーク®［CTN］）を受講したことがありました。その中で講師（であり私のコミュニケーションの師匠でもある）岸英光氏から「一カ月間、すべての人からのオファー（依頼や誘い）にすべてイエスで引き受ける（ただし公序良俗に反するものは除く）」というトレーニングについてのお話があったのです。

実際に取り組んでみたところ、大きな人生の転換点となったという体験談に影響を受け、私も試しにそのトレーニングに取り組んでみたことがありました（ただし、師匠はこのトレーニングについて、ある条件を満たしていない段階では「おすすめしない」と語っていたのですが、ひとまず、勝手に試してみた次第です）。

「すべてのオファーをイエスで引き受ける」というトレーニングは一カ月間取り組みました。それまで自分が持っていた「オファー」という概念からは離れていても、「これはもしかするとオファーなのかも」と思えたら、どんどんイエスで引き受けていきました。

では、具体的にどんなことをしたかというと――。

そのように決めてすぐ、とある女性社長と一緒にランチをした折「この間、生まれて初めてシンガポールに行ってきたんだけど、景色も自然公園もとても綺麗で、街も楽しくて。私もシンガポールに住みたい！って思っちゃった。豪くんもシンガポールで仕事してみたら？」と言われました。返事はもう決まっています。イエスです。「やってみます」という一言の後、シンガポールに向かい、富山県の南砺《なんと》市役所のイベントをコーディネートし、現地メディアで連載を開始、各地を回って幼稚園やショッピングモールでの料理講演を行いました。

突然に飛び出していったシンガポールですが、そこでの取り組みがご縁となって、香港や福岡での自治体でのお仕事、博多の老舗明太子ブランドとのお仕事などにつながっていったのです。私が決断したことは一つだけ。「すべてのオファーをイエスで引き受ける」ということでした。

……というと、即断即決が功を奏し、華麗に展開された「ただのよい話」に思えてしまいますね。そこで、「シンガポールでの仕事」にイエス！と返事をしてから、細かく何がどうなって展開していったか、少し順を追ってお話しさせてください。

まず、岡山県にある「中小企業団体中央会岡山」さんという組織から講演の依頼がありました。はじめて名前を聞く団体だったので、WEB検索してみたところ、「中小企業団体中央会神奈川」という別組織のHPを見つけました。そちらに飛んでみると、最新ニュースのトピックに「JETRO　シンガポール輸出セミナー」というリンクを発見したのです。開催されるのは五日後で、弊社は神奈川の企業ではなかったのですが、申し込んでみたら参加OKとのお返事をいただきました。

JETROでは大企業から一線を退いたシニアビジネスマンをコンサルタントとして雇用し、若手起業家とマッチングさせる海外新興国進出支援事業を行っていました。セミナーの場で担当コンサルタントさんと新たにシンガポールに赴任する神奈川県庁の担当者さんに出会うことになったのです。

後日、彼らを訪問したところ、JETROの新興国進出支援事業の採択を受けました。県庁の担当者さんからは「五十嵐さんが日本でやっていることを、そのままシンガポールでやってもらうだけで面白いと思います」とアドバイスを受けました。

当時、僕は地方を旅して出会った食材生産者さんとのコラボレーションで、東京で料理イベントを開催していました。知られざる名品を新たな形で紹介する。そうした試みをシンガポールで行っても面白いということでした。

さっそく、JETROの担当コンサルタントさんと共にシンガポールに向かいました。到着するとすぐに現地メディアに引き合わせていただけました。そこで日本での実績と取り組みを紹介したところ、シンガポールの現地ローカルの方に向けた日本の食を紹介するフリーマガジンＯＩＳＨＩ　ＪＡＰＡＮでレシピの連載が決まったのです。

ＪＥＴＲＯの支援の前提として、一度目の渡航費は自己負担で、コンサルタントの派遣と諸費用はＪＥＴＲＯ負担でした。そのこともあって、採用してもらったお礼の挨拶にシンガポールのＪＥＴＲＯにうかがいました。するとそこでは日本の食材を売り込む展示会が開催されていたので、これはと思い一〇日ほどそこに滞在して、イベントに顔を出すことにしたのです。するとそこで出会ったのが富山県南砺市役所の担当者さん。彼から「南栃にもいらしてください」と声をかけていただき、当然それにイエスで答えました。

帰国してから後日南砺市を訪問すると、シンガポールでイベントを行うということで、ぜひコーディネートさせてくださいと申し出ました。先に滞在していた経験がここで生きてきたわけです。

弊社ではＣＳ放送のテレビ番組の制作をしていて、プロデューサーとの世間話で私がテレビ番組でシンガポールに行く話をしていたら、元々日本でアナウンサーをされていて、今はシンガポールのテレビ局でディレクターをしている方を紹介いただきました。話をしてみると、その方がシンガポールで料理教室イベントをコーディネートしていたのです。立ち話もそこそこに滞在中にまたお会いしましょうという話になり、後日改めてカフェでアポイントを取ったことが、料理教室ツアーの仕事につながっています。

南砺市と出会った同展示会では、福岡県の大刀《たち》洗町《あらいまち》役場がブースで出店していて「福岡に今後セミナーを受けに定期的に行く」と話をしたら「大刀洗町にもきてください」と言われました。当然「YES」と答えて翌月に福岡に飛びます。そこからなんだかんだあって大刀洗町のプロモーションを提案する立場になり、採択を受けて香港でイベントに行くことに。福岡の老舗明太メーカーふくやの香港店舗が会場で、そこから僕が恵比寿で始めたお店でふくやの商品をお通しに仕入れさせていただいて……なんだかんだあってふくやのホームページとSNS運用をしております。

実際に起きたこと、僕が行ったことについて細かくお話ししたので少し長くなってしまいましたが、単に「運がよかった」という一言には収まらない、さまざまな**「行動」**がそこにあったことをご理解いただけると思います。

「すべてのオファーをイエスで引き受ける」と決め、実行したことから、ここまでの体験を得ることができたのです。それまでは運は雲のように流れていて、その一端を適切なタイミングでつかまなくては獲得できないもの、と考えていました。でも現実はそうではなかった。自分が行った決断に対して、行動をし続けることで姿を現してくれるのが「運」だったのです。

運の引き寄せ方

SNSで成功するには

1 早く始めること

2 実力を持っていること

3 運とタイミング

↓ 引き寄せるには

- 即、決断する
- 決断したことについて行動し続ける
- 「縁」(人)をつなぐ

シンガポールに行くと決めてからは、会う人皆に「シンガポールで仕事します」と宣言していましたし、もし知り合いがいたら紹介してほしいと頼んでいました。また、何か少しでも接点が感じられたらセミナーに申し込みをしたり、アポイントを取って人と会ったりしていたのです。運は縁、つまり身の回りにいる「人」がつないでくれるもので、それは自らの行動により具現化するものでした。

また**具現化の速度と行動の速度は比例している**と思います。セミナーを受けたらすぐにアポイントを取る、「ぜひ来てください」と言われたら翌日には向かう、シンガポール滞在中にも新たな動きがあればそこに乗る。行動のスピード化が運を明らかにしてくれます。

もう少しくだけたところで、行動から運を開く方法として……おみくじは大吉が出るまでお金を払って引き続ける。ゲームセンターのクレーンキャッチャーは三〇回あたりからクレーンが硬くなってくるので、失敗を続けて止めてしまった人の後に続いて行う。お菓子についているアニメのフィギュアは箱買いをすればほしいキャラが必ず一つ手に入るので、しっかりゲットする……などなど。コントロールできる「運」をきちんとつかんでおくことが案外と重要だと感じています。

遠回りをしましたがSNSの話に戻ると、プラットフォームのおすすめに載るのも運の要素が高いものだと思います。しかし、投稿回数、コンテンツの有益性、いいねの多い高評価コンテンツであることを担保しておくことで、運の要素を超える注目度を集めることができると思います。運営側とて無作為に選んでいるわけではありません。彼らの基準に立てば当然のことですが、評判の良いコンテンツのリーチ数を上げたいわけです。よって、先に掲示したものの数値を上げていくことでバズりやすくなります。

「個性」はいらない

SNSでフォロワー数を増やそうと思ったとき何が必要になると思いますか？

おそらく多くの人が「個性」が必要になると考えるでしょう。しかし、人気アカウントになるために個性は必要ないのです。僕たちは「芸能人」を目指してはいけません。企業アカウントですらそこが理解できておらず芸能人を目指す傾向にあります。それもSNSで遊ぶ経験を持ってから運用するという段階を踏んでいないので、フォロワー数が多い＝芸能人というイメージのまま、アカウントを芸能人のようにしようと考えてしまうのです。しかし、実際に少し遊んでみると、文章そのものの個性というのは必要ないことが体感できるはずです。

タレントやユーチューバーの話を聞くと、成功した彼らのほとんどは「個性が大事」と話している。そのような状況で「個性はいらない」と言うと、逆張りをしているようで、にわかには信じてもらえないかもしれません。しかし、本書の重要なテーマとして「**間違った常識**」**から抜け出す**、ということをここでお伝えしておきたいと思います。端的に間違った常識・情報にとらわれていると成功への確度は極端に落ちます。

個性とは何か。

ことSNSの上で言えば、競合がたくさんある中であなたのアカウントだけの味付けになります。しかし、個性を先に探してしまうと、成功するために絶対に必要な「アカウントを開設する」という第一歩がなかなか進まなくなります。というのも、実力というのは発信を続けていくうちに育ってくるものなので、何はともあれ始めることが重要なのです。

始めてみて、発信を続けていると、すぐに「行き詰まり感」が出てくるでしょう。たとえばいままでのようにフォロワー数の伸び率を維持できないあるいは、そもそもまったく伸びないということもあります。そんな時にも「個性のなさ」が原因として上げられるようになります。

ある人が語る成功の秘訣というのは、n＝1つまり、その人の主観や体験のみに基づいた情報で、その意味では一般性に欠けるものなのです。というのも、僕らのように複数のアカウントを運用することはほぼ必要ないので、自分の事例を分析するしかないわけです。ですからその「秘訣」というのは、いくつかパラメーターを変えて細かく調整して導き出した秘訣ではなく、あくまで自分の場合はそうやってうまくいった、裏を返せばそのやり方で他の人が成功するかどうかはわからない、ということなのです。

にもかかわらず、あの人の投稿には個性があった、でも自分たちの投稿には個性がない、と誰かに言われたり、考えたりすると、それで納得してしまうものです（いま少しだけとても重要なお話をしました。僕が話している「**SNSで成功する秘訣**」はn＝1ではないのです。つまり、これまでに紹介されてきた秘訣より、確実で多くの人にあてはまる、取り入れる価値があるものだ、ということです）。

「個性はいらない」と主張する根拠について少し説明しますと、「**エンゲージ**」という言葉が重要になります。辞書的な意味としては「結婚する、参加させる」となりますが、SNS上では「ユーザーが投稿に反応した数」と覚えておいてください。詳細を見た、画像をクリックした、いいねした、リポストした、プロフィールページに飛んだ、フォローしたなどの具体的行動がエンゲージにカウントされます。ユーザーの関心度を表すものだと認識しておいてください。つまりエンゲージが大きいほど、皆にとって重要な投稿だったということになります。

なお、エンゲージ＝リーチ数×関心度となります。ここで話を戻すと、「投稿の個性」というのは関心度の中の一因でしかありません。そもそも投稿の内容がユーザーに刺さっていないのに、個性の味付けだけを変えても成果は大きく変わりません。これまで見てきた限りでは、投稿がユーザーに届いていないのに個性だけがすごい！　というアカウントはありませんでした。

個性を磨くより、
ユーザーの「関心度の高いコンテンツ」に
合わせた投稿をしよう。

たとえば「個性的な投稿」ということで考えると、「TikTokでフライパンに使われるコーティング材の元素記号をキャッチーなゴロ合わせにして個性的に表現したとしても……バズりません。他に類を見ない個性的なものであっても、それを求める人がいないからです。

つまり、**個性よりもユーザーの「関心度の高いコンテンツ」に合わせた投稿をする方が優先度が高い**のです。

自らの投稿が拡がらないことについて「個性がないからだ」と言えば、それで収まるところはあるかもしれませんが、結局は問題の先送りをしているか、あるいはそもそもの問題に向き合わないようにしているということがこれでよくわかったと思います。

発信を始めたら、「正確なアドバイス」ができる人以外からのコメントはスルーした方がよいでしょう。間違ったアドバイスに乗っかることほど厄介なことはないのです。

プロフィールで商売しない

僕たちが商談をしている食品企業ブランドのほとんどが、初手で行っている間違いをお伝えしておきます。それは「プロフィールで商売を始めること」です。具体的には、アカウント名に「公式」とつけてしまうことがそれにあたります。もちろんなりすまし対策ということもあるのかもしれませんが、なりすましが出たとして、その都度、その場面でしっかり「なりすましに注意してください、こんなDMが届くという報告がなされています」と説明しておけばブランドが毀損されることはありません。

なぜ「公式」をつけないことを推奨するか。それは公式を主張するのが企業アカウント特有の行動だからです。これはネガティブな意味でとらえてほしいので、「企業臭」と呼ぶことにいたします。そのアカウントが公式かそうでないかは、タイムラインを見たら誰にでもわかるはずです。SNSはユーザーが自由に遊べる公園だと前述しましたが、ユーザーは露骨な広告を嫌がる傾向にあります。企業臭がする投稿は露骨な広告となります。講演では企業臭を抑えるのがプロモーションのマナーです。

食品企業はレガシーな世界なので「うちの商品が露出しないと売り上げが増えない」とロゴやパッケージが露出するほど広告効果が高いと考える傾向にあります。しかし、実情は真逆で、露骨な広告ほど嫌がられ、企業臭を抑えてユーザーに寄り添う形で有益なコンテンツを提供した方が好かれるのです。そして、好かれた結果ブランドへの関心が少しずつ高まっていくのが理想的な展開となります。

ユーザーは一回の投稿に触れたからといってそのブランドを好きになったりはしません。

好きになってもらうには長い時間がかかります。ＳＮＳではブランドとユーザーはゆっくりと関係を構築していく……というのは通常の人間関係と同じことです。しかし、人を好きになるよりもブランドを好きになってもらう方が難しく、より時間がかかります。

いまもすでにＳＮＳを運用しているとして、好きになってもらいたくて焦って距離を詰めすぎて、逃げ場のないほどの猛アピールをしていませんでしょうか？　ネガティブな接触回数が多いほどブランドのエンゲージは下がります。

これにはさまざまな理由があると思いますが、ユーザーの存在を意識しない運営を続けることによるブランドを毀損するリスクということについてもぜひ考えておいていただきたいと思います。メディアはリーチが多い、影響力があると「同意されている」から広告出稿を得られるのです。

焦って商売しようとせずに、時間をかけてお客さまになっていただくこと。それまではこれからお客さまになるかもしれないユーザーには楽しんでもらえるコンテンツを用意して少しずつブランドを知ってもらい、好きになってもらう。これがＳＮＳでブランドが取るべきユーザーとの適切な距離感なのです。

SNSでやらないこと

1

個性を売りにしない

必要なのは個性よりも「ユーザーの関心度の高いコンテンツ」を投稿すること

2

プロフィールで商売しない

企業アカウントに露骨に広告感を出さない
プロフィールにはユーザーにとってのメリットを簡潔に記す

プロフィールの書き方

ではどんなプロフィールを用意したらよいのでしょうか。その正解は「フォローしてくれるユーザーにとってのメリットを簡潔に書くこと」です。「フォローするといいことがありますよ」というメッセージを露骨になることなく、伝わるかたちで文章にしましょう。たとえばスイーツ好きの人にフォローして欲しかったら、スイーツ好きの人にとって嬉しい投稿を行っていることがわかるようにします。

ブランド発信者の多くはコミュニケーションの受け手側の景色を考えていません。遊びで培った受け手側の景色をガイドしてみましょう。

あなたのブランドをユーザーはどう発見するでしょうか。Xでは誰かが投稿をいいね、リポストすると「〜さんがいいねしました」とタイムラインに表示されます。

投稿を見て「どんな人が投稿しただろうか」気になるとアカウント名を見ます。アカウント名を見てプロフィールに飛ぶか決めるでしょう。プロフィールはＰＣならマウスオーバー

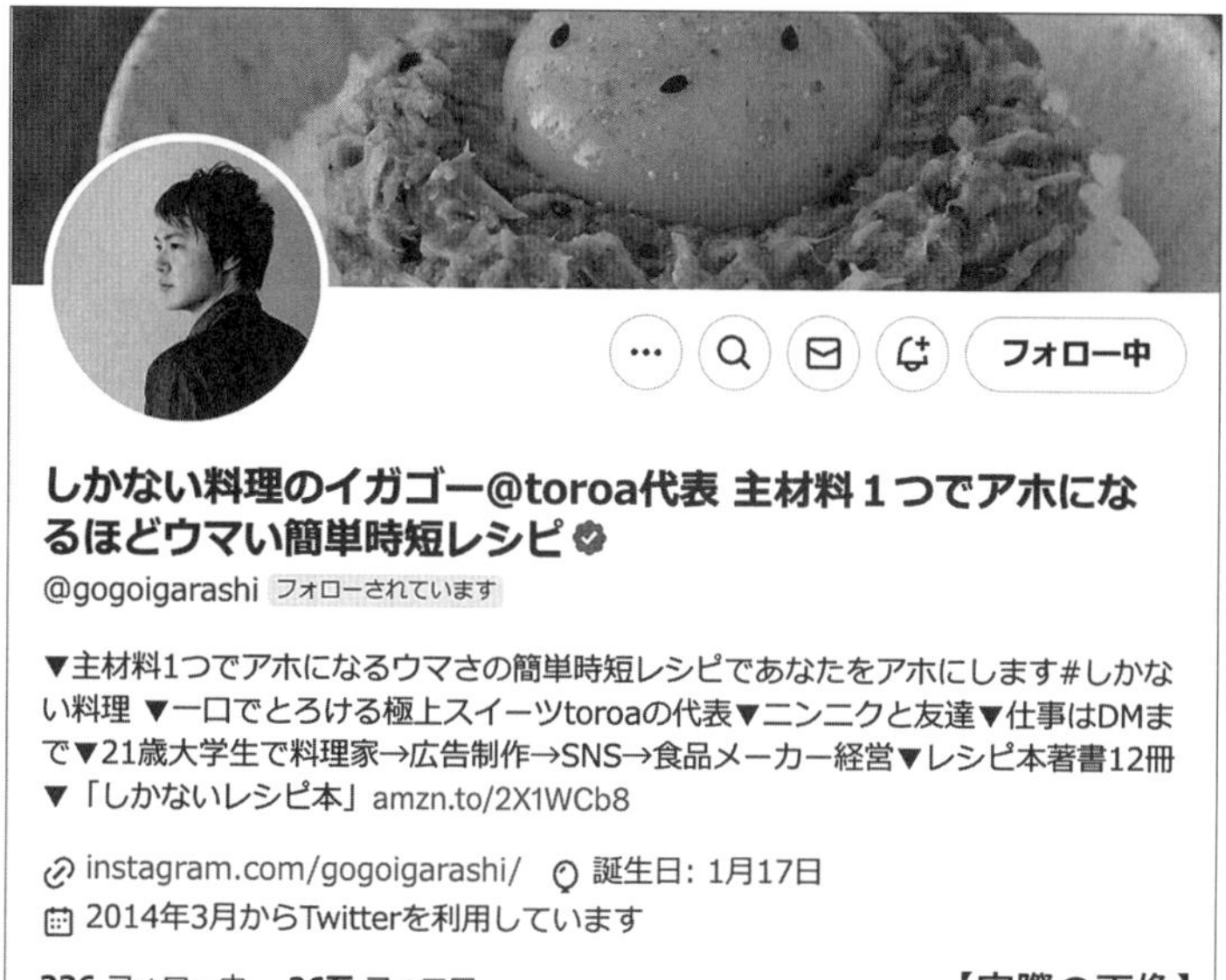

【実際の画像】

すると表示され、スマホならクリック一発でページに飛びます。プロフィールを見て気になったら「他にどんな投稿をしているのか」を見てフォローするかどうか決めます。

ここで大事なのは「プロフィールを見てから他の投稿を見てフォローするか決める」ということです。この時点ではまだ商品を買う、買わないといった関係性にもなっていません。つまり、そんな状態にしかいたっていないのに企業臭が漂う「売り込み」をかけてしまうと大部分のユーザーが引いてしまうわけです（それにもかかわらず多くの企業がそうしてしまっているのですが……）。

また、プロフィールは自己紹介の場でもありません。

あなたがユーザーに対してどれだけ有益な投稿をしているか、できるかをわかりやすくキャッチーに書いてください。ユーザーには限られた時間しかなく、スペースは限りなく狭いです。しかし、そこでユーザーに刺さる的確なコメントを届ける必要があるのです。

ユーザーは非常に忙しい（読者ご自身がそうであるように）。その上、SNSではすべてのブランドが平等に比較されています。K-POPアーティストから旧ジャニーズ系のアイドル、推しの声優さんや芸人さん等々のSNS、またソーシャルゲームのイベントやYouTube、彼氏や友だちとのLINE、どれもSNSとして平等に比較されます。そうした中、あなたが発信するブランドを発見するために割ける時間は非常に短い。ここにアマプラやネットフリックスも入れるとしたら、すべてのスマホエンタメとの闘いに飛び込んでいるということがよくわかると思います。そのような中、毎日キャンペーン投稿＝宣伝ばかりを投げ込む企業アカウントはポスティングチラシのようにノイズでしかないのです。

しかし、「ユーザーに向けて、あなたが持っている有益な情報をわかりやすくキャッチーに投稿しましょう」と伝えるだけですぐにそれができる人はまずいません。もしいるとしたら本書を購入する前にもう人気アカウントを作れているはずです。「こうやりましょう」と言われてすぐにできるなら苦労しません。どうやったら有益な投稿になるのか、わかりやすく伝えられるのか、キャッチーなものになるのか、この後で詳しく説明していきます。

「自分たち」がどのようなものなのか徹底的に見極める

有益な投稿を行うためには、まずあなたのブランドが一体どのようなものなのか、徹底的に突き詰めることが必要です。マーケティング的にはブランドのベネフィットを決めて理解しようというテーマになります。

ベネフィットとは、ブランドがお客さまに提供する「体験価値」を指します。たとえば、冬にケンタッキーフライドチキンのCMを見るとクリスマスの訪れを感じたり、日清のラーメン系のCMを見ると短い尺の楽しいアニメを見たというエンタメの満足感が得られます。

ブランドを作る上ではこうした**ことばにならない体験**に注目する必要があります。

そしてそうした体験を提供するためには、自分たちが一体何者なのか、よく見極める必要があるのです。そこに大きなヒントと方向性が秘められています。

どうすれば有益な投稿になるのか

ブランドメッセージの落とし込み＝願い＋ベネフィット＋メリット

ブランドメッセージをＳＮＳ活動に落とし込むために、簡略化した公式を使いましょう。それが「願い＋ベネフィット＋メリット」の公式です。これを使えば簡単にブランドメッセージをユーザーやお客さまに受け入れてもらえる形に落とし込むことができます。

願い

ブランド担当としてあなたは「ブランドの活動を通してどんな社会／世界になったら素晴らしいと言えるか」を言語化しましょう。それが「願い」となります。

僕たちtoroaであれば「日々を頑張る自分と大切な人にくつろぐ時間を贈れる」がコアなブランドバリューになります。ただし、これはビジョンに近い概念で、現実は、忙しい人ほど自分の時間を犠牲にして誰かのために尽くしたりするものです。toroaが願う「自分自身をいたわって自分だけの心地よい時間」をひと時でも過ごしていただけたら、そして多くの人が自分だけの心地よい時間を過ごす習慣がついたら、世界中の人にとって生きやすい優しい社会になると信じています。

ブランドとしての意図ややり甲斐を組織で共有するためにも、「願い」の言語化ができたら、トップの決済者の了解をとって社内でオフィシャルにしておくとよいでしょう。そうすれば「願い」が組織として目指すゴール、ゴール後のビジョンとなっていくからです。

「願い」は社内で共有し、ブランドのnote（メディアプラットフォーム）、最初のプレスリリース、ホームページ、クラウドファンディング、社長インタビューなどユーザーが能動的に情報を得ようとしてくれるメディアに記載しておくのがよいと思います。

これはＳＮＳや広告でフックにするようなメッセージではないので、多くの人の目には「直接触れない」けれども、深く情報を得ようとした人が辿り着く場所に置いておきましょう。すると、ブランドのコアな目的をそうした人々とも共有することができるようになります。

ベネフィット

ベネフィットとは「お客さまにとってどのような価値を提供するか」ということです。あなたのブランドがユーザーに対して、どのような価値のあるコンテンツを提供できるかを明確にしましょう。「願い」をベネフィットまで落とし込んでおかないと、次のメリットを提示しにくいのです。

たとえば、あなたが冷凍食品メーカーだったらどんな願い、ベネフィットにするでしょうか。考えてみてください。出発点としての端的な希望は「焼売をいっぱい買って欲しい」ということかもしれません。それならば、あなたの冷凍焼売を買ってもらうことでどんな世の中になって欲しいか、お客さまの生活シーンを想像してみましょう。

たとえば、仕事が終わり、二一時に疲れて会社を後にするも、飲食店は閉店間際で立ち寄れない、そんなときでも家に冷凍焼売があれば美味しいおかずが食べられてちょっと嬉しい。買って安心、食べて満足、美味しくて元気が出る。この焼売を買ってもらうことでそのようなよい影響をお客さまに届けることができる。とすると、それらをまとめて「どんなに忙しい家の食卓にも、心が満たされる料理が並べられますように」という「願い」にすることができます。

この願いをベネフィット化するためのコツは、それを**お客さまを主語にした言葉遣いに変**

出し惜しみせず、
すべてをSNSにアウトプットするつもりで
コンテンツ化するべき。

換することです。言葉の前にカッコを置いて（お客さまが）と並べてみましょう。「（お客さまが）どんなに忙しくても、心が満たされる食事を手間なく楽しめる」。これでこの冷凍焼売のベネフィットが立ち上がりました。

本来「願い」とは主体者の想いから出るべきです。上記はあくまでも例文なので、あなたがブランド担当者であれば、ブランド担当者としての願いにするか、ブランドとしての願いにするのであれば、社長までボトムアップして社長に決めてもらうのがよいでしょう。なかなか難しいこともあるかもしれませんが、願いは企業全体で統一した方がそれぞれのチームの方向性を定めることもできるので、ぜひトップにまで声を届けて承認をとるべきだと思います。

メリット

最後に、まとまったベネフィットをユーザーにわかりやすいようにメリット化します。より具体的に、実現可能なものとして提示することが大切です。この場合のユーザーにはブランドを利用してくれているお客さまだけでなく、そのもっと手前にいる人たちも含めて考えます。「どんなに忙しくても、心が満たされる食事を手間なく楽しめる」というベネフィットを掲げるブランドがＳＮＳでどのようなメリットを提供するべきか、言語化しましょう。

有益な投稿の作り方

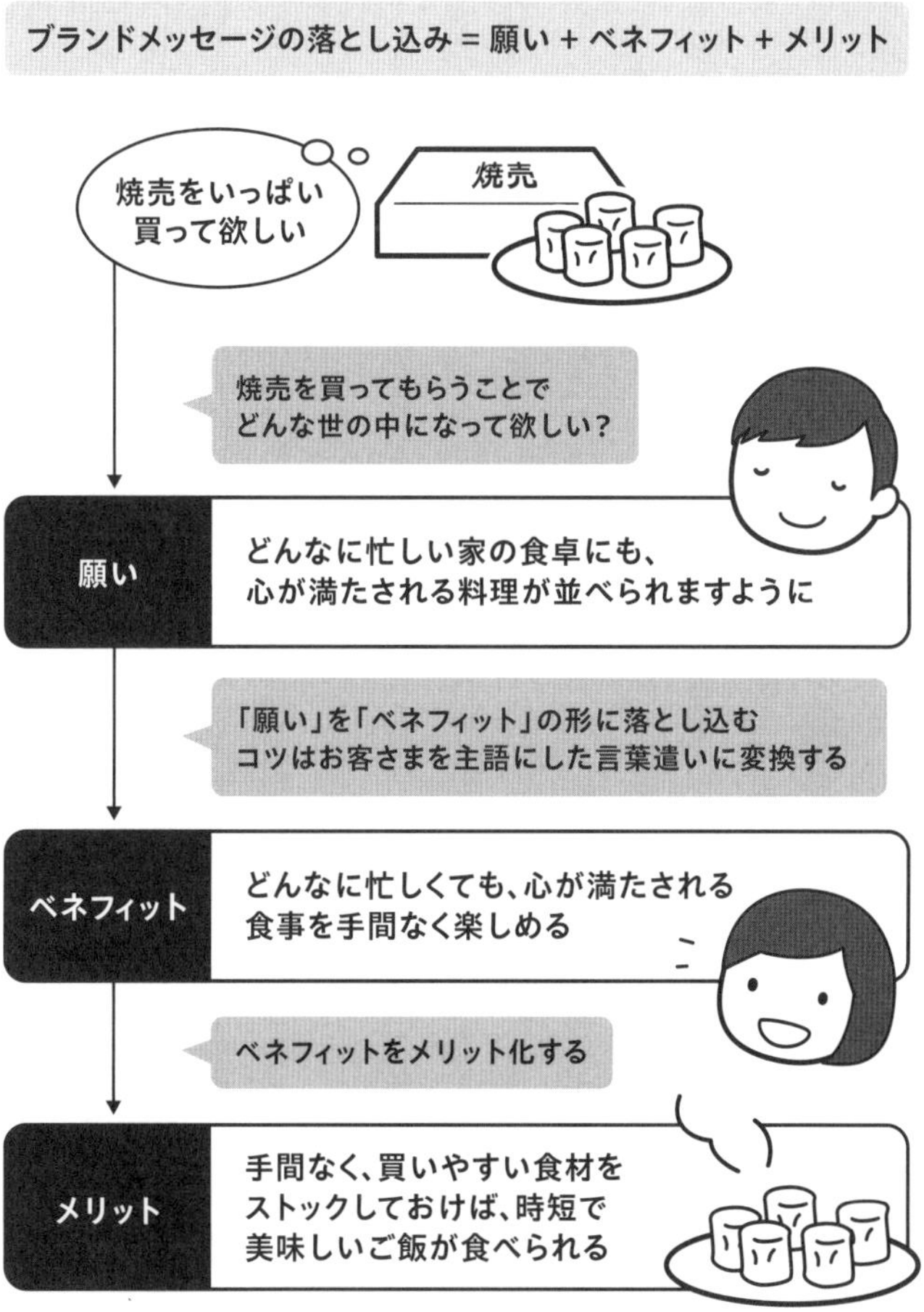

有益な投稿とは、願い→ベネフィット→メリットへとメッセージを変換し、メリットに基づいた投稿をすること=ユーザーにとって有益な投稿になる

たとえば、メリットとして「手間なく、買いやすい食材をストックしておけば、時短で美味しいご飯が食べられる」というものが考えられます。時間はないけど、手間なく美味しいご飯が食べたいと考えている人はたくさんいます。ここではユーザーを絞るのではなく、ニーズを絞っていきましょう。そうすることでこれは私のためのブランドだとわかってもらいやすくなります。繰り返しになりますが、SNSのセオリーは浅く、広く、なるべく拡散してくれるユーザー母数は多くなるように、となります。

ブランドがSNSで提供する情報に価値があれば、ユーザーは能動的に情報を得るために投稿を見てくれます。時間がない時にササっと時短で美味しく作れるライフハックを提供すれば、時間のない人がきてくれます。家事に時間がない人は仕事にウェイトを置いている人が多いので、ニーズさえハマれば対価を払える人です。時短自炊のライフハックがバズっても、既製品である冷凍食品の商品売上に結びつかない、とはなりません。

それに冷凍食品の保存性・利便性・品質は手作りでは得ることができません。一から手作りしなくて済む、少しでも家事の負担を減らすために冷凍食品があるとユーザーは助かるのです。無料のコンテンツがあったからといって、商品が売れなくなることなどありません。

たとえば何らかの商品を販売しているメーカーではなく、コンサルティングを生業にしている人は、無料で情報を持ち帰られてしまったら仕事にならない、と感じるかもしれません。常識的に考えたらそうですね。有償で提供している情報が無料で公開されていたら、わざわざ人はお金を出してそれを手に入れることはない、と。しかしそうではないのです。そういう心配をしている方こそ、すべてをSNSにアウトプットするつもりでコンテンツ化するべきなのです。

なぜならコンサルティングの新規受注獲得は数あるB to Bサービスの中でも非常に難易度が高いもの。優秀な戦略コンサルタントであっても、クライアントの事業会社の売り上げを上げるより自分の仕事を獲得するほうが難しいわけです。定期顧客を手放してしまったら大きな損失になります。よって営業に関しては負荷を減らし、身軽な状態を作っておき、その分のエネルギーを、顧客満足度と継続依頼率を高めることに注力する必要があります。

ここでコンサルタントに依頼をする人、つまりお客さまのことを考えてみましょう。かれらはノウハウを獲得し育てる時間をお金で買いたい経営者です。最上級に忙しい人たちに分類されるわけです。あなたのコンテンツがいかに有益でコンパクトにまとまった情報になっていたとしても、それを根掘り葉掘り調べる時間はありません。逆に、小出しに有益な情報を提供し続けることで、「ここのこれは自分の仕事の場合、どのように当てはめることができるだろうか」と疑問を持ってもらえさえすれば、彼らはあなたに質問をしてくるはずです。つまりそこでお客さまを獲得できるのです。

このような構造についてWEBマーケティングでは「ナーチャリング」と呼びます。初めは興味関心の度合いが薄かった人が、だんだんと情報やブランドと接しているうちに興味関心が高まり、購入するにいたる、そんな設計のことを指す極めて重要な概念です。SNSは毎日開く習慣のあるツールです。ぜひそこにどんどん有料級のコンテンツを投下してみてください。徐々に情報に触れていってもらうことで、あなたへの親密度と信頼度が次第に増し、依頼へとつながる可能性が高まるはずです。

以上、どうすれば有益な投稿を行うことができるかについて説明いたしました。短くまとめますと、願い→ベネフィット→メリットへとメッセージを変換していき、メリットに基づいた投稿をすることでユーザーにとって有益な投稿になる、ということになります。

お店の底力を上げるためのSNS

あなたが飲食店経営者だとして、パッと思いつく投稿はなんでしょうか？

すでに多くの人がやっているのが「レシピ投稿」です。しかし、実際に投稿したとしても、

「お客さまはレシピを見にくるわけではない」「家で作られてしまったらお店に来なくなる」という懸念が生まれるかもしれません。

結論から言うと、飲食店にご飯を食べにくる人はレシピを買いにくるわけではないので、店舗そのものとは競合しません。飲食店には特定の商圏があります。たとえばビジネス街の昼食時、どこかでサッと料理を作って腹ごしらえをするわけにもいきません。あるいは反対に、飲食店ですぐに食べられる料理を家で作ろうとすると、非常に大変なことになります。原料を揃える、調理をする、片付けをする。そのそれぞれに時間と労力がかかってしまいます。

潜在的に飲食店には、そうした（ユーザー側が）「応えてほしい欲求」というものがあるわけです。そこから考えると、もし仮にあなたのお店が身近なスーパーで買える食材でチャチャっと作れるような品を提供しているとしたら、一度提供価値を見直してみてください。家では再現できないような、仕入れが限られた生産者の素晴らしい原料を使う。調理に手間暇や時間がかかる方法、たとえばじっくり低温で調理して旨味を引き出したり、熟成庫や燻製など、家庭では揃えられない器具を使用した料理を用意する。これらにより自炊では代替不可能なレベルにまであなたのお店が提供する価値を高めることができます。

さて、ここからが本題です。

そんな高付加価値のあるお店がご家庭にある（身近で揃えられる）食材、道具で簡単に作ることができる美味しいレシピを紹介してくれるとしたらどうでしょうか？　間違いなく「ちょっと見てみたい」さらに「実際にやってみたい」と思ってもらえるのではないでしょうか。

たとえばあなたのお店が馬肉料理の専門店（かなりコアなお店ですが……）だとしましょう。この場合は、六割は馬肉を使ったレシピを紹介しつつ、残りの四割は豚肉や鶏肉を使ったレシピを紹介すればよいと思います。六割を馬肉を使ったものにするのは、当然ですが馬肉料理はお店の柱だということ。また馬肉料理のレシピ自体はそれほど多くないので、人目に留まりやすいということ。残りの四割を馬肉以外の肉を使ったものにするのは、馬肉だけに絞ってしまうと、そこに反応する母数が狭いので広がらないためです。

繰り返しておきますがSNSは浅く広く波状に広がっていくのが理想です。最近だとたんぱく質を多く摂取するダイエット法なども取り入れられるようになっているので、身体づくりに役立つレシピ（筋肉を育てるレシピ）などをぜひ紹介してみてください。なお馬肉含めて、脂身の少ない部位について取り上げるとそれらの志向とも親和性が高くなると思われます。

また飲食店ならば一割は飲み物のレシピを紹介するとよいと思います。糖質が低いのに美味しいドリンクのレシピを紹介し、お店ではよりグレードの高い原料を使って希少性を出せ

お店の底力を上げる投稿とは

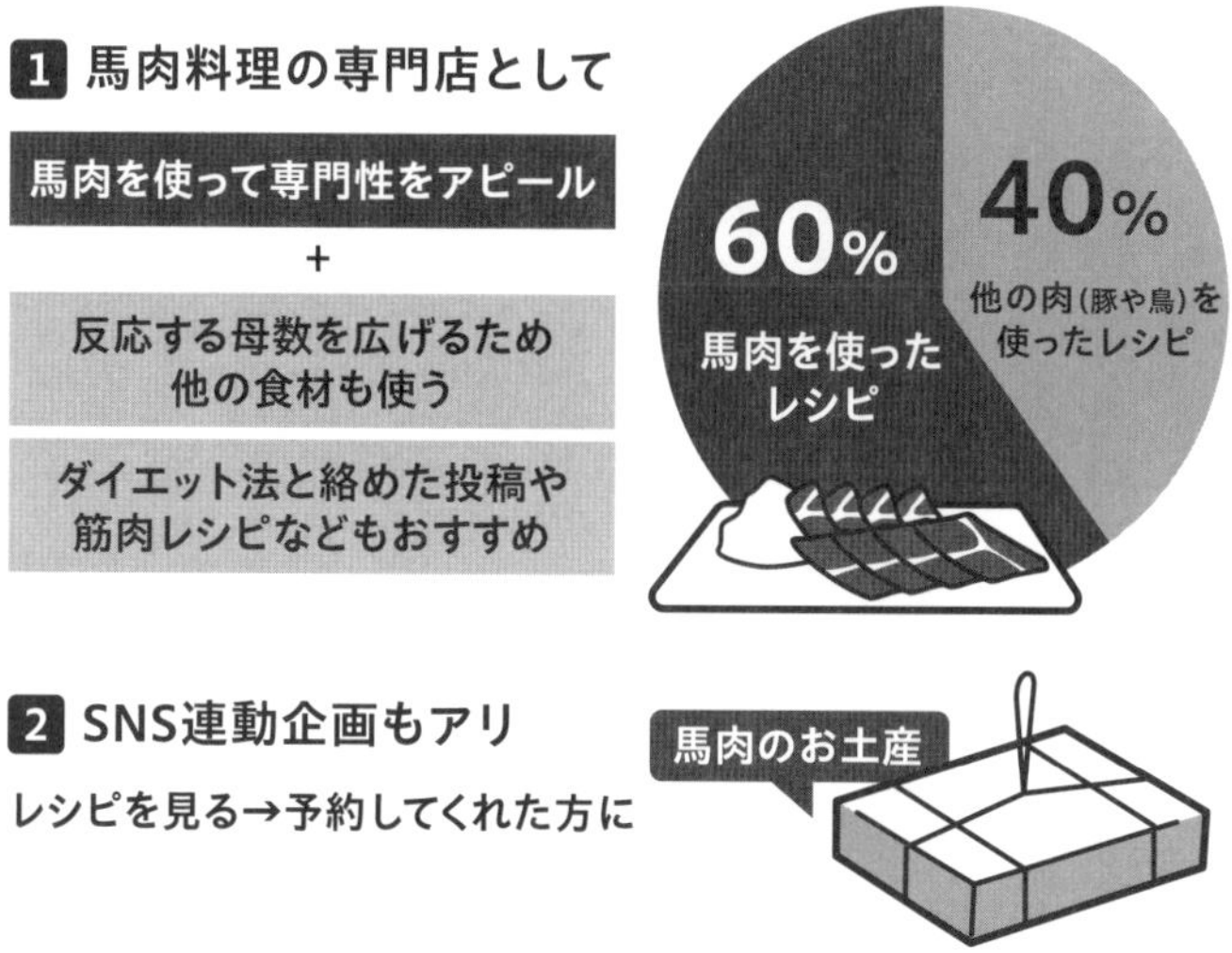

1 馬肉料理の専門店として
馬肉を使って専門性をアピール
＋
反応する母数を広げるため
他の食材も使う
ダイエット法と絡めた投稿や
筋肉レシピなどもおすすめ
60%
馬肉を使った
レシピ
40%
他の肉（豚や鳥）を
使ったレシピ
2 SNS連動企画もアリ
レシピを見る→予約してくれた方に
馬肉のお土産

るとよいでしょう。

たとえば、ＳＮＳとの連動でこういうサービスも考えられます。レシピを見たお客さまでお店を予約いただけた方には完全限定で切り分けた馬肉を用意しておいて、帰りに家でもレシピを楽しんでくださいとお土産にもたせる。家で作れるようになってしまうとお店に来てくれなくなってしまうのではないか、という心配は必要ありません。わざわざ予約までして足を運んでくださるお客さんというのは、お店の「コアなファン」です。どちらかというと、次にどんな美味しいものがいただけるか、楽しい時間が過ごせるかを期待してくれている方です。その方たちにお店から特別なサービスをするということなのです。お客さまにとって

「それがどれだけ素晴らしい体験となるか」を考えてみてください。

もしあなたのお店に長く勤めてくれているスタッフがいたら、彼らにもレシピを考えてもらい、接客の際に「こちら私が考えたレシピもあるんです」とSNSを紹介するようにしたら、新規のお客さんであってもフォローしてもらえる可能性が高いと思います（また常連さんでも気づかないでSNSをフォローしてくれていない方もいると思うので、そこのケアもできる）。

SNSは単純な顧客獲得ツールではありません。ブランド（お店）とお客さまのコミュニケーションツールなのです。もしあなたのお店がここまで細かくコミュニケーションを取ることができていたら、お客さまにとっても他店を贔屓するメリットはないでしょう。

本書で大切にしたいことは「発信を始めることで成功するための地力をつけること」です。SNSで発信を始めることで、日々新しいレシピを考えたり、実際に作ってもらうために引きのある言葉を考えるようになります。そうした過程で時代に馴染むテーマやキーワードを発見できるようになってくるのです。

何を見せるか、何を紹介するか、どうやるか

具体的にＳＮＳでは何を見せることができるか、さらにいろいろな例を出して紹介していきます。

ハウツー投稿

浅いが広範囲に有益で、お客さまのメリットが高いハウツー投稿

もっともメリットが高いのがハウツー投稿です。これは本書を実際に活用する上で必ず押えてほしい箇所なので、何度か繰り返し読んで理解いただければと思います。

ハウツー投稿とは、食品なら「レシピ」、建材なら「ＤＩＹアイディア」、コンサルティングなら「フレームワーク」や「あるあるネタ」、デザイナーやカメラマンなら「ワンポイントレッスン」、流通・商社・小売系なら「よい商品の目利き方法」や「シチュエーション別おすすめ商品七選」、化粧品やヘアケアなら「メイクアップ動画のビフォーアフター比較」、

保険や税理士や会計士や弁護士や社労士など、わかりにくい情報やサービスを取り扱う業種なら「わかりやすい図解化」や「プロの節税テクニック」「判例紹介」など、エンジニアやSIer《エスアイヤー》なら「システム系の困ったあるあるネタ」や「ワンポイントレッスン」、パソコンや家電系のショップなら「メーカーごとのスペック比較・図解化」でわかりやすく伝えるコンテンツを提供することが喜ばれるはずです。

また政治家であっても例外ではありません。ただ文章で意見を主張するより、「情勢をわかりやすく図解化」したり、グラフィカルな「見える化」とセットでコメントを公開していくことで、有権者にとってメリットの高いハウツー投稿を行うことができ、結果として「SNS上で政治について考えるときに必要な人」のポジションを確保することができるようになります。

自身の分野におけるハウツーを見つけるコツとしては、お客さまとのやりとりの中で見えてきた「わかりにくい情報・サービス」に気がついたら、それをグラフィカルに図解で説明・編集する、というのが基本になると思います。

また多くの人が困っている問題と自身の分野がクロスしているポイントを探すことで、皆が興味を持っている課題に対するハウツーを投稿することができるようになります。

あるいは、プロフェッショナルな専門知識・経験・知見から、初心者に対して必要なポイントを小分けにして伝えるレッスンも有益だと思われます。こちらは図解のみならず、動画の導入を考えてもよいでしょう。

プロ＝目利きが似たような商品を比較検討して紹介する、というものもお客さまにとっては有益な情報となるでしょう。

ハウツーを投稿した当初は、どうやってもどこかから借りてきたような企画（すでに誰かが行っていそうなもの）になることも多いと思います。しかし、それでもめげずに続けていくことで、そして、お客さまに必要な情報が何かを意識しながら事業に取り組むことで、他にはないオリジナルなハウツーが積み上がっていくと思います。

私自身、現在ではあらゆる分野について相談を受け、それらに対して必要なことを企画することに迫られて、ほぼ対応できるようになっています。そのために特別な勉強をしたわけではありません。かれこれ一五年近く、あらゆるジャンルの投稿を続けてきただけです。しかし、その続けるということそのものが力になってくれていると思います。

お得キャンペーン投稿──限られた数のフォロワーだけ「お得に買える」より、「希少な体験ができる」

次に解説するのはユーザーの有益性が少々高くなり、当該のブランド体験に少し深く入ってもらえる投稿方法です。

ＳＮＳにおいては、商売っ気が見える「お得に買える」情報よりも、特別な体験が提供されていることの方がユーザーにとってはメリットが高くなります。「通常一万円の商品が一〇〇〇円で買えます」とうたわれていた場合、たしかにお得はお得なのですが、そもそもその商品が欲しい場合でないと興味は湧きません。逆に、実際の製造原価をユーザーが知る由もないので「え、これって本当はすごい安い商品なんじゃない（いつもは高く買わされてる）？」と疑われてしまう可能性もあります。よって、もし行うとしても非常に注意深く行う必要があります。

さて、希少な体験といった場合、何を提供したらよいのでしょう。一つには、招待制のイベントやプレゼントがあると思います。先着または抽選によって、数名のユーザーだけにＤＭで連絡をして、招待するという方法です。

招待制のイベントの基本としては、仮にあなたが飲食店を経営していたとしたら「秋の新メニュー限定シークレット試食会」を企画し、招待するというようなものがよいと思います。食品メーカーでもたとえば〇〇年度の試食会として、商談中のアイテムを試食してもらうなどのファンサービスを行うことができると思います（年度内で前期と後期の二回に分けて行うのもよいでしょう）。

SNSはブランドとユーザーが
直接コミュニケーションする
公共の舞台である。

その場合、来ていただいたお客さまからは試食品についてのコメントをいただき、商談の際にその反響をスライドにまとめてプレゼンしてみてください。とても効果があると思います。

さらにその商品について、量販店との商談がまとまったら、大々的に「○○での販売が決まりました！」とSNS上で紹介し、お祝いイベントにまたお客さまを招待しましょう。この循環により、お客さまもあなたの事業の展開を一緒に楽しんでいただけるようになります。

マーケティング専任者の認識として、SNSはもはや刈り取るためのツールとなっています。とにかく商品を掲載して認識させるなど、受け手の感情を置き去りにした投稿を連投してしまっているからです。上層部から投稿の費用対効果を求められて板挟みになるような現場はどこも同じ。しかし、いまお話ししたようなムーブメントが形成できれば、ブランドが歩む成長にリアルタイムで参加してもらうような、体験型のエンターテイメントを生み出すことができます。

お客さまへのプレゼント企画によっても「体験」を提供することが可能です。しかし、ただプレゼントを行うだけでは「体験する」と感じてもらうところまでは行き着けません。よって「体験化するまで」もう少し頭を捻《ひね》る必要があります。

たとえば製パンメーカーならば、「パンの形をした人をダメにするクッション」をノベルティ制作して、三名さま限定でプレゼントする、などが試案できるでしょう。こちらは実際の話で、二〇二〇年に製パンメーカーに企画と見積もりまで出したのですが、「予算が足りない」ということで見送られてしまいました。すると、二〇二二年末に「パンのクッションがTikTokでバズって製造が追いつかない」という話が経済ニュースにまでなったのです。もし先のプレゼント企画を行うことができていたら、バズった可能性が高かったのでは、と考えています。

プレゼントを体験化する、と考えると少し高価なオリジナルノベルティの制作が必要となりますが、重要なのは、**SNSはブランドとユーザーが直接コミュニケーションする公共の舞台である、**ということです。相互のやりとりがSNSで拡散されることで、次は自分も欲しいと応募してくれる新しい潜在的なファンが現れる可能性が高くなります。こうして公共の場でファンと共に楽しい体験と思い出を積み上げていくことができるのが優秀なSNSブランド担当者です。

「一つの投稿」というのは「ブランドを冠したアート作品を公共の場に残すこと」と同様だと考えてください。SNS上の流れを考えると、休日に一五万人が行き来する原宿の竹下通りにブランドの名を冠したアート作品を設置するのと同じことだと。実際にアート作品を設置するとなれば、相当の予算がかかることは誰にでもわかります。SNSにおいて「投稿で結果を出す」ことも同じことなのです。ある程度の予算はかかりますし、一朝一夕で結果が得られるものでもありません。コツコツと日々投稿を積み重ねていく必要がありますが、結果が出るまであきらめずに続けることができたら、そこまでかかった制作費はきちんとペイするはずです。

ですから、必要なのは、信念を持ってやり続ける度量と決断する勇気なのです。

値下げキャンペーンを改良する

先にも少し触れました「お得に買える、値下げキャンペーン」は、低コストでかつすぐにできる方法ですが、ただ安くしました、というだけでは品がありません。ゲリラ的なバーゲンは短期的には注文増加に貢献しますが、あまり頻度が高いとブランドならびに商品価値が下がるので、もし仮に行うとしても年に二回までに抑えた方がよいでしょう。

この「値下げキャンペーン」に改良の余地があるとするならば、その明確な目的と体験化につながるような提案を加えてみてください。

たとえばtoroaには「飲むデザートtoroa「Tea」という商品があります。味のラインナップは六種類。そこにはカカオハスクという原料（カカオの実の中にはカカオの豆があり、その周りの皮）が使われた種類のフレーバーが二つあり、お湯で煮出すとチョコレートの香りがふんわりと漂います。この商品はミルクとの相性が抜群です。よって、「ぜひ一度、ミルクティーにして味わって欲しい！」ということが明確な目的となった場合、効果的な「値下げキャンペーン」を発動することができます。

実際の方法としては「toroa Teaでつくる極上ミルクティー体験キャンペーン」として、六種類の茶葉のうち、ミルクと合う銘柄を三点選抜して、通常よりも一八パーセントお得に購入できるようにします。またその告知投稿に関連して、一番美味しいミルクティーの煮出し方を投稿に添えます。さらに、電子レンジでも美味しいミルクティーが作れる簡易バージョンも投稿します。

キャンペーンに際しては送料無料で一〇名さままでが購入可能、と告知するのがよいでしょう。このプロモーションはそれによって直接的な利益を上げることを目指してはいません。あくまで、このミルクティーを飲むと他のミルクティーが飲めなくなるくらい美味しいので、ぜひ試してもらいたい、ということが強い目的なので、新規に購入される方のハードルを下げて体験してもらおうと考えているわけです。

実際にこのキャンペーンを体験した方が「マジでうまいわ……これ飲んだら本当に今までのミルクティーには戻れない」と投稿してくれたら、絶対にブランドからお礼の連絡とリポストをするようにしましょう。このように反応してくれる方には一〇〇回お礼をしても足りないくらいです。そうした本音の感想の投稿を見た人が、「自分も試してみたい」と思ってくれたらこのキャンペーンは成功だと思います。

本当は購入希望者全員に割引をして体験してもらいたいくらいなのだが、そこまではどうしても難しいので、まずは思いを共有してもらえる一〇名さま限定で割引販売させていただく、という本気度をきちんと伝えることが大切です。

選ばれた一〇名の方はプロモーションにモニターとして付き合っていただくキャストだと考えてください。SNSの舞台はブランド一人だけでは成り立ちません。ホストであるブランドとキャストとして参加いただくお客さまの相互性があってはじめて成り立つものです。

このようにして既存の商品をただ値下げ販売するだけでなく、工夫を凝らすことで「体験化」してもらうことが可能になります。

ストーリー投稿

商品が生まれるまでの背景を伝え、自社のこだわりを伝える

最後に解説するのは、お客さまとの関係が深くなる可能性がある一方で、彼らにとっての有益度が低い「ブランドのストーリー投稿」です。

有益度が低くなるということは、拡散効果はほとんどありませんが、興味を持ってくれた

人は読んでくれます。読んでくれる人＝ブランドのファンなので、読んでもらえるかどうか、読んでもらって関係を深めることができるかどうかは、ここまで紹介してきた投稿をどれだけ積み重ねてきたか、によります。日々の営みの積み重ねで関心度の高い人をつかまえられているかどうかがポイントです。

ストーリーとは何か。

詳しい「ストーリーの作り方」については後ほど詳述しますが、まず、「商品が生まれた背景」について語るということです。あなたのブランドがこの商品を生み出すまでに何が起こったのか。どんな哲学に基づき、どういうアイディアや問題解決方法を思いつき、どのような検討プロセスを経て商品化が決断されたのか。また商品化が決定してからどのような試行錯誤のフェーズを経て、お客さまのもとに届く形に行き着いたのか。それらを伝えましょう。

商品が生まれた背景と並んで伝えるべきことは、「自社のこだわり」です。

ブランドとして大事にしている理念がこの商品にどう反映されているかを言葉で届けましょう。

たとえばtoroaの商品開発では三つの大事なポイントがあります。

【toroa商品開発の三つのポイント】
・王道スイーツを革新する挑戦
・ケーキが最も美味しくなる原料を選定
・作りたてを瞬間凍結

この三つのポイント＝理念は「会社の理念とは……というものです」と一度投稿するとそこで完結してしまう話でもあります。

しかし、toroaのすべてのケーキが開発されるもとにこの理念が横たわっているのです。よって、新商品のケーキが開発され、それらを告知するたびにこのメッセージを伝えていくことが重要なのです。

ブランドのメッセージは一度で伝わるものではありません。くり返し、くり返し、さまざまな局面で伝え続けてようやく、コアなお客さまにうっすらと覚えてもらえる程度です。しかし、うっすらとでも覚えてもらえるようになったらtoroaは、そのお客さまの中に、他のブランドと一線を画すブランドとして立ち上がるのです。

ブランドの広報担当者であれば、ことあるごとにその理念を伝える努力を重ねましょう。

ブランドの理念がお客さまに浸透するかどうかは、現場のブランド広報担当者の腕にかかっ

投稿の種類

1 ハウツー投稿

食品「レシピ」、建材「DIY」、
コンサル「フレームワーク」、流通「目利き」等
→わかりにくい情報・サービスを図解で
説明・編集する

2 お得キャンペーン投稿

招待制のイベント企画、ブランド
体験に深く入ってもらう
→特別な体験を提供する

3 ストーリー投稿

商品が生まれた背景を語る
→ブランドとの関係性を
より深める

ているのです。

ストーリーの作り方

さて、ストーリーは拡散範囲こそ狭いが、とても重要なものだと理解いただけたと思います。ストーリーはブランドを築く上で欠かせないものです。

そうであるからこそ、PR業界やブランディング業界では「ストーリーを作りましょう」と言われるわけです。しかし、実際にどのようなものをどうやって作成したらよいのかについて、具体的に、丁寧になされた解説はこれまでほとんどなかったように思われます。

そこで、その詳細についてこれから説明させていただきます。

先ほど少し述べた中で、もうお気づきの方もいらっしゃるかもしれませんが、**ストーリーとは「軌跡」**です。端的に言えば、ブランドの歴史年表にあたるものです。

新商品をいつ作ったか、どこで試作を行ったか、どのようにしてキーとなる原料や生産者さんと出会ったか、等々のエピソードを書き出し、それを時系列に並べたものがストーリーになります。
よってまだ何もことをなしていないブランドが「さぁ、ストーリーを作ろう」と言っても、どうやったってストーリーを作ることはできません。基になる「実際に起こった出来事」が存在しないからです。また同様の理由で何もブランドの歴史を知らない人がストーリーを作ることもできません。もしそんな人が作ったストーリーが公表されるとしたら、端的にそれは嘘になってしまいます。

つまり、「ストーリーの作り方」をここでは解説すると言っておきながら……**ストーリーとは作為的に作られるものではない**、というのが結論となります。

もう一つ重要な点は「わがブランドのストーリーはこういうものです」と露骨に表明しないこと。自分で自分を宣伝するような伝記を書く人物がいたら、すこしうさん臭く感じるものです。

もう少しキザな言い方をすると、ストーリーはブランドが作るものではなく、その軌跡を目にするお客さまの中に現れてくるものなのです。

お客さまの心の中にその軌跡を残したいと思ったらどうすればよいのか。

端的に、先に述べた「**その商品に関するエピソード群（＝事実）を書き残しておくこと**」が重要です。

もしあなたが個人事業主でトマト農家さんだったとしたら、なぜトマトを栽培することに

ストーリーの作り方

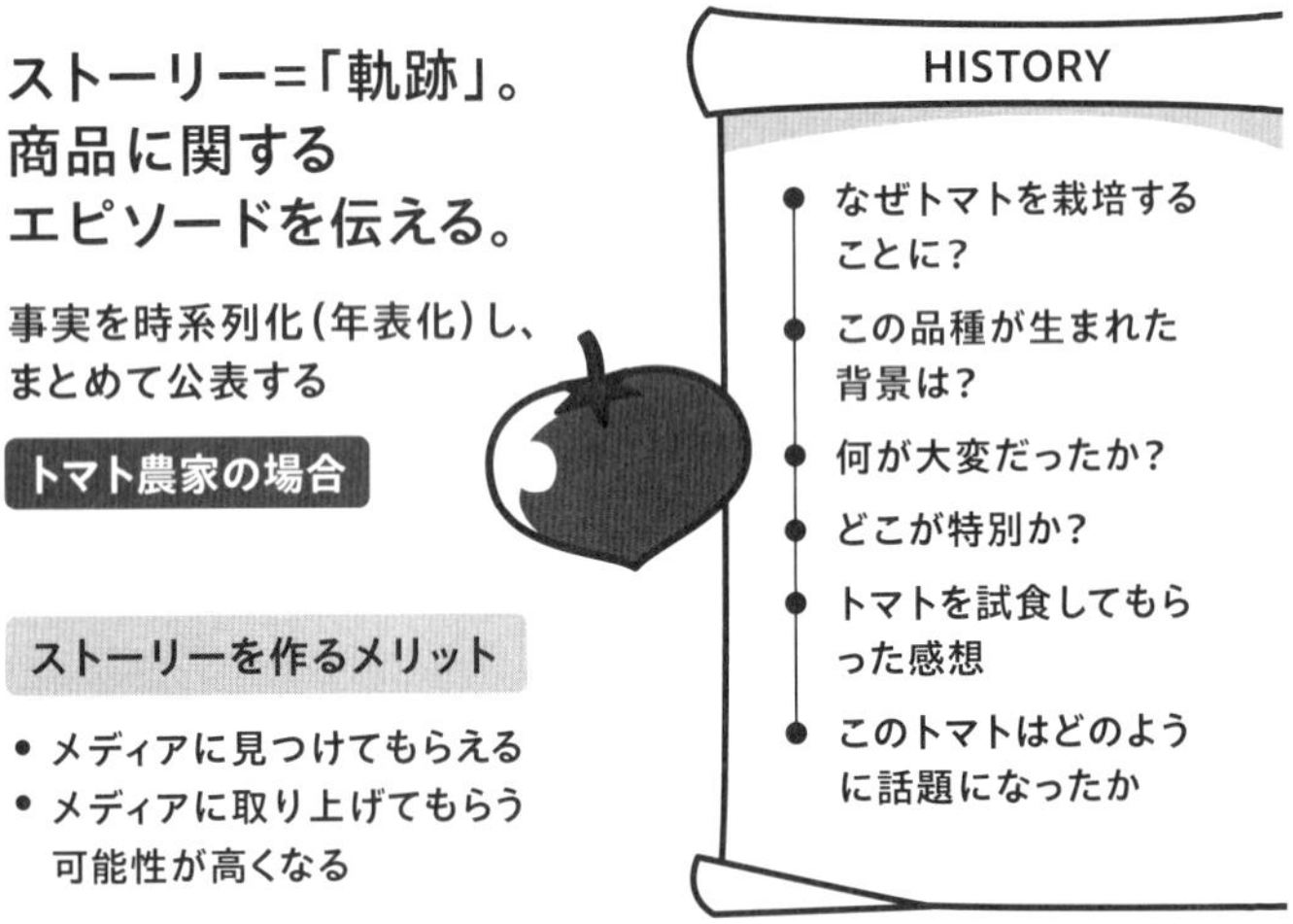
ストーリー=「軌跡」。
商品に関する
エピソードを伝える。
事実を時系列化（年表化）し、
まとめて公表する
トマト農家の場合
ストーリーを作るメリット
• メディアに見つけてもらえる
• メディアに取り上げてもらう
可能性が高くなる
HISTORY
なぜトマトを栽培する
ことに？
この品種が生まれた
背景は？
何が大変だったか？
どこが特別か？
トマトを試食してもら
った感想
このトマトはどのよう
に話題になったか

なったか、トマトを栽培する前は何をしていて、どういう経緯でその道に一歩を踏み出したか、先に考えていたより何が大変で、何が報われることなのか。いま取り扱っているトマトの品種に絞るまでにどれだけの品種を栽培してきたのか。なぜこの手法を取り入れ、あの手法を止めたのか。いま取り入れている手法は従来のものとは何が違うのか、等々についてSNS（こうした長文記事の場合は「note」がお勧めです）で発信していきましょう。くりかえしますが、いずれも事実を書き連ねることが大事です。

　また、新しい品種を商品化しようとしているタイミングであれば、テストで育てたトマトを試食会で取引先に食べてもらい、そのコメントもnoteに書き残しておきましょう。そうした一つひとつの出来事をSNSで発信し、残しておくことで、後であなたのトマトに関心を持った人々が時系列を遡って背景を知ることができるようになります。

そうしてお客さまの中に現れるのが「ストーリー」なのです。

しかしストーリーに関心があるのは、コアなお客さまだけではありません。何か目新しく興味深い、紹介すべきものはないか、と日々探しているメディアの編集者、記者、TVディレクターたちがいます。彼らはいつも新しい情報を探しています。そして、「ストーリー」になるものを探しています。

ここで重要なのは彼らが探しているのは「すでに誰かによって作られたストーリー」ではなく、彼らが発見したストーリーです。よって、やはり作為的に準備されたストーリーではなく、事実に基づく発信を重ねておくことが重要になります。

そうした事実に基づく発信が持っているメリットは二つあります。

一つは、いま述べたように、メディアに見つけてもらうことができます。

もう一つは、メディアに取り上げてもらう可能性が高くなる、ということです。

どういうことかというと、メディア側があるブランドについてのリサーチやまとめをゼロから行うのはあまりにも時間とコストがかかるので、わざわざそれらを手掛けることはほとんどありません。しかし、ここまで述べてきたようにブランド側で時系列を遡れるようにログを残し、それらのまとめを資料化しておくことができれば――メディアに見つけてもらうと同時に企画会議に上げるか先方が判断でき、検討もスムーズになっていきます。つまり、その分だけ取り上げてもらえる可能性が高くなる、ということなのです。

仮に一般のお客さまにそこまでの関心を持たれなかったとしても、事実を時系列化し、まとめて公表しておくことは非常に重要なのです。

こうしたストーリー作成に関わる作業というのは、それだけで収益が上がることもなく、また情報拡散の観点からも目に見える手ごたえを得ることは難しいのですが、それでも最優先にすべき業務だと考えています。多忙を理由に他の業務を優先するのは間違っている、とまで思っています。

本気でそのブランドの将来の成長ポテンシャルを信じているのであれば、必ずストーリーを残してください。それが濃く残っているブランドほどお客さまに応援されるようになります。

ブランディングにおけるストーリー論はセミナーその他の授業でも高難易度なものとされています。何度もくり返し読み込んで、理解していただけたら幸いです。

良質なアウトプットは良質なインプットから

ブランドにおけるSNS担当になったとき、一番困ることは何か。

それは「投稿すべきコンテンツが思いつかないのにアウトプットしなければいけない」という状況だと思います。どうすればユーザーの皆さんに喜んでいただけるコンテンツをアウトプットできるか……。一度ならずともSNS担当であれば頭を抱えたことはあるはずです。

そうした悩みに対する答えはシンプルで、良質なインプットをいますぐ始めましょう、に尽きます。

インプットが十分でないとすぐ何かのパクりに走ってしまいます。仮にパクってSNS上で地位を得たとしたら、パクり続けなければその地位を維持できません。当然、パクられた側は自分の真似で影響力を伸ばしているあなたに気がつくので（そのあたりはとても敏感です）、手あたり次第にさまざまなコンテンツをパクっていると、次第に顔を合わせられない人が増えていくことになります。

そうした、小さな悩みを解決するためにより大きな悩みを引き寄せるのではなく、良質なインプットを集め、自らの力で他にはない良質なアウトプットを行えるように、自分で自分を育てていきましょう。

次にどうやったら良質なインプットが得られるかについて、その方法を紹介していきます。

良質なインプットをする方法

1 幅広い職務を引き受ける

実際に体験したことや考えたことをアウトプットするためには、幅広いさまざまな経験を積むことが必要になります。

どこかで聞いたような、誰かが言っている名言を投稿しても、ブランドの価値を高めることはできません。自らの体験を自らの言葉でコンテンツにすることで、初めてオリジナルな価値が生まれるのです。

あらゆる面でのアウトプットを生業としている私の会社（フードクリエイティブファクトリー）では、社員に幅広い職域の経験を積んでもらっています。

クリエイターがレシピ、投稿、写真、デザインと領域を超えて幅広く経験を積むことで、それぞれの分野での視点を吸収し、自分のものとすることができるようになります。

たとえば写真業務の担当として採用された場合、始めはそこに従事することになります。その場合やるべきことは「写真を撮ること」で、写真単体で良し悪しを考えることが中心となります。つまり「題材がきちんと撮れているか」「構図は決まっているか」「ライティングができているか」等々の「その一枚は良い写真であるかどうか」に意識が向いています。

写真業務である以上、それは当然です。

しかし、ある日突然、デザイン業務の担当に移ります。そうなると、横向きに撮影された写真を正方形で使わなくてはならないシーンがやってくる。写真家の感性としては「それではこの写真の良さが伝わらない……」という課題に直面します。そうした体験を経ることで、次に写真撮影を行う際に「この写真はどんなシーンでレイアウトする可能性があるか」という視点を持って構図を決めることができるようになり、結果的に、いくつかの構図で同じ題材を撮影するようになります。

その後、SNS担当になったら、「なるべく切り抜かないで使える写真」が欲しくなるでしょうし、POPなどのグラフィック業務を担当すると、「レイアウトしたときに収まりの悪い構図」があることに気がつく、など、さまざまな体験ができるようになります。

そうして一通り関連する業務を経て、元の写真業務に戻ると幅広い視点を身につけたことで、極めて質の高い仕事を遂行することができるようになります。


少し話は変わりますが、なぜあのベテランのタレントさんはずっとテレビに出続けられているのでしょうか？　毎日次々新しいタレントが現れ、テレビを賑やかしているのに、長く起用されている人がいます。

彼らに共通しているのが「編集点を作ることができる」という特徴を持っているということです。

編集点とは、カメラマンが撮影した映像素材をディレクターが編集する際に「どこから使うか」を判断するタイミングです。長時間カメラを回し続けるテレビの収録では、同伴しているディレクター（最近では番組の構成上、カメラマン兼ディレクターも多いです）はロケでくたくたになった後に編集作業を始めることが多いのです。これはとても辛く、大変な作業です。

「編集点」を作れる人間が生き残る。

だからこそ、「ここは使えますよ」という部分＝編集点をメリハリをつけて作ってくれるタレントさんはとても仕事がしやすく、次も起用したくなるというのは、当然の結果です。編集点を作るということは演者をしながら、それを構成するディレクターの視点でアウトプットができるということ。息長く活躍されているタレントさんたちは、複数の視点を持ちながら良質の仕事（＝アウトプット）を遂行できる人なのです。

複数の視点を持つには、同一の対象に向かっている複数の経験を経ることが一番わかりやすいと思います。

もしあなたがブランド担当者であるならば、現状の職務だけに従事するのではなく、たとえば製造現場でラインに入らせてもらったり、開発チームの会議に参加させてもらったり、買い付け担当（バイヤー）と話をして「なぜこの原料をこのメーカーから買っているのか」を聞き出したり、そうやって一つの製品に対するなるべく多くの情報を把握すること（＝良質なインプット）で、アウトプットの質は急激に高まっていくと思います。

大手メーカーの場合ですと、商品ができてから、マーケティング担当に回って、売り方やプロモーションが考えられることが多いと思います。もしあなたのブランドでは小回りが利くようでしたら、いまお伝えしたように企画の段階から商品に携わるようにしてみてください。そこから「ストーリー」が見えてくるようになります。

2 お客さまになり切って同じ生活をしてみる

お客さま（＝実際に商品を購入し使用している人たち）になり切った生活をすると新しい発見が得られると思います。

普段の自分だったら絶対買わないようなものを買ってみる、いつもは選ばないお店を選んでみる、趣味ではないテレビやネット番組も観てみる。もしあなたがすでにYouTubeの広告なしサブスクに加入していたとしたら、あえてサブスクが機能しない別アカウントを作成してみてください。そこでお客さまが視聴しているであろうコンテンツを観ることで、TOP画面がお客さまと限りなく近づき、何をおすすめされているか、広告がどのくらい煩わしいのか、ということも体験できるようになります。

二〇一八年に私が企画したマーケティングの大勉強会で登壇してくれたのが、某食品メーカーで彗星のごとく現れた人気商品を生み出したブランドマネージャーKさんでした。その商品は二〇一四年あたりまでまったく知られていなかったのですが、Kさんにより、いままでは誰でも知っているブランドとなっています。

商品を若者たちを中心に大ブレイクさせたKさんですが、彼の習慣は「休日に若者たちのなかで流行っているものをウォッチすること」でした。たとえば若者たちの間で旬な俳優さん、女優さんが多数出演している胸キュン青春映画に男性一人で行く、ということを重ねたそうですが、結果としてそうした試みが若者たちの心の機微を捉えるクリエイティブの下地となっていたのです。

このように、自分とはまったく価値観の違う人がお客さま（ユーザー）になるブランドを扱う場合、お客さまの行動原理をその心の機微に及ぶまで詳細に説明できることを目指す必要があります。機微とは本人ですら無意識的で説明しがたい心の動きです。それを把握するためには、最低でもお客さまと同じような生活・文化的体験に浸る必要があるのです。

toroaの場合、クリエイティブディレクターの五十嵐ゆかりをお客さまのモデルにしています。元々は会社から独立して「kutsurogi for」というサービスを立ち上げたいと言っていた彼女と何度も会話してそのサービスをフードクリエイティブファクトリーでやることにしました。

私自身は実家に顔も出すこともありませんし、母の日に何か贈り物をした記憶もなく、当然、友人にギフトしたこともない人間だったのですが、彼女は毎週のように実家に帰り、母の日や父の日や誕生日には欠かさずプレゼントを選びます。人付き合いは非常に狭いのですが、関係がとても良好で、関わる人を幸せにして、相互に幸せにしあう関係を築けているのはとても素敵でした。

フードクリエイティブファクトリーも自分たちで企画や発明をしたもので、人を幸せにするようなサービスを始めたいと私自身考えていました。大切な人に喜ばれるスイーツのギフトとして、日頃から大切な家族、親戚、友達に贈り物をして素敵な関係を築いているゆかりを価値観のモデルにサービスを構築しています。

私も家族や友人、大切な人に贈り物をする心の機微を理解するために、彼女が行っている行動や選択をトレースしてやってみることにしたのです。

たとえば自分だったら絶対に買わないな〜と思うような高価なチョコレートを買ってみたり、デザインがおしゃれな焼き菓子を買って誰かにあげたり。そうした試みをもう三年以上続けています。そこまで長期間になってくると、「なぜ、そうするのか」が自分の一部になってきます。

初めは五十嵐ゆかりにあらゆることを判断してもらっていましたが、いまは彼女を通すことなく私が決断することが多くなっています。判断基準を確認するために意見を聞くことはありますが、意見が分かれることはほとんどありません。仮に異なることがあったとしても、「何を考えているか」を擦り合わせて議論することで、さらに良いアイディアを練り上げることができるようになっています。

このように、他者=自分とは異なるお客さまの感覚をインストールすることは良質のインプットとなり、そこから新たな展開や可能性が開けてくるのです。

3　同業者と、異分野の情報発信がうまいアカウントをフォローする

良質なインプットを得るための最後の方法は、まず同業者をフォローする、ということです。同業者ということもあって、彼らが発信している内容についてはあなたも当然すでに知っていることも多いでしょう。ここで注目すべきなのは「ユーザーが彼らの発信のどういう点に反応しているか」についてで、そこをよく観察してみましょう。つまり、あなたが担当している分野のユーザーたちが、何に喜び、何に不満を持っているのかについて知っておく必要がある、ということです。

ちなみに、同業者が発信している内容はあまり見ない方がよいかもしれません。私個人で言うと、日々穏やかに過ごすために同業者の発信そのものはまったく見ませんし、彼らのするコメントも見ないようにしています。現状では同業者をフォローして、お客さまのニーズを観察する必要も感じていないので、フォローもしていません。というのも、フォロワー数が増えたアカウントになると影響力も大きくなります。同業者をフォローしていることで、「あの投稿、このアカウントのパクりでは？」といわれのないコメントを投げつけられることも多くなるのです。よって、「パクりも何も、元ネタをそもそも知りません」と毅然と言

える状態にしておく必要があります。

ですので、同業者をフォローするというのは段階的なもので、必要がなくなったら、調整していきましょう。

それから、異分野の発信がうまいアカウントをフォローするのもとても勉強になります。

私はDIYや掃除術や収納を紹介するアカウントが好きです。

DIYは動画だとわかりやすくて、目が離せません。自分が担当している料理系の投稿の場合、テンプレートは完成シズル写真が冒頭にあって、そこに向かって作り方を紹介するものが一般的、つまりネタバレしているようなものですが、一方でDIYのようなものだと、これから何ができあがるのか、オチが気になってついつい見入ってしまいます。

また料理系はテンプレがある、と申しましたが、他国の謎料理動画はDIYと同様、「最終的にどうなるのか、何ができるのか」がまったく予想がつかないので、こちらも見入ってしまいます。「見た目はめちゃくちゃ美味しそうだけど、実際に食べたらどうなんだろう？味は決まっているのかな」など現実的なことも考えてしまいます。

このように、市場がかぶっていないアカウントや発信については、どんどん積極的に知見を吸収してみてください。とても良いインプットになっていきます。

また自分にとって良質のインプットというと、デザイナーさんが発信される情報について、とても参考にしています。というのも、図解と合わせた説明がとても上手なので、「なるほどこうやって解説することで伝わりやすくなるのか」と納得と発見がとても多いのです。間違いなく、どのジャンルのSNS担当者もデザイナーさんがされている情報発信の仕方について注目していただきたいと思います。

ちなみに、すぴかあやかさんのデザインに関する有益なハウツー投稿に出会って、彼女のインプット法とアウトプット力に驚かされ、共鳴したのをきっかけに、現在、フードクリエイティブファクトリーのロゴデザインやPR漫画などを手掛けてもらっております。

ＢｔｏＢの商材を扱っている会社であっても、デザインは非常に重要なピースを占めています。仮に「こんな風に説明／図解できるのか！」と驚いたのであれば、実際にその人にデザインをしてもらうのが話が早く、確実なのは当然です。

一方で、すぴかさん＝デザイナー／クリエイターさんの側に立ってみると、ＳＮＳで発信していたことがきっかけで仕事が決まった、ということになります。発信をしていることで、選ばれるチャンスが増え、さらにそれが進むことで、逆に仕事を選ぶ立場にも立てるようになります。自ら「営業する時間」を作らずとも、発信・投稿を続けることで、それが積み上げの営業資産となり、同時に発信力が強化され、大きな価値となっていきます。

身もふたもない話になりますが、仮にフォロワー数が三〇〇〇人のデザイナーさんと二万

良質なインプットを得る方法

1 幅広い職務を
引き受ける
2 お客さまに
なり切って生活する
3 異分野の
情報発信が
うまいアカウントを
フォローする

人のデザイナーさんがいたとしたら、単純ではありますが、後者のデザイナーさんの方が「多くの人に共感を得られている」と判断することが多いでしょう。また、仕事が完了した後のことを考えると、「○○をデザインしました！」と宣伝に協力的な告知がなされた場合、二万人に拡がるわけです。そうした影響力を考えると、間違いなく重宝される存在なのです。

発信する情報の価値を上げる

たとえば、あなたが居酒屋さんでのSNSでの発信価値を上げるとしたらどのような方法があるでしょうか。一つには、**「お客さまのことを伝える」**のがよいと思います。

人気の飲食店の中には激辛チャレンジや、大食いチャレンジで有名なお店があります。お店に行くと、チャレンジに成功したお客さまと空っぽの丼が一緒に写っている写真が飾られていたりします。このようにお客さまとお店が一緒に楽しい思い出を作り、紹介できる企画をぜひ考えてみてください。

端的に、いま言ったような激辛メニューや大食いメニューへの挑戦を考案し、SNS等で告知、成功したお客さまをSNS上で紹介する、というのは王道になると思います。情報の拡散、実際の来店数の増加、さらにメインであるお客さまとお店のストーリーの公開まで、セットで展開が可能になるでしょう。

他にはスタンプカードを貯めた常連のお客さまがどんなビジネスをされているかを宣伝する、というのもよいと考えます。たとえば、お客さまがジュエリーデザイナーであったら、サロンと作品を紹介してあげる。誰をどのように紹介するかで、あなたのお店にはこのようにセンスのよい人も来店するのか、それならきっと素敵なお店なのだろう、という期待を投稿を見た新規のお客さまに持ってもらうことも可能になります。

同じ効果が、たとえば整体院やサロンなどであれば、「スポーツ選手（＝身体のプロ）／芸能関係者（美のプロ）がやってくる」とうたえることができたら、その治療／施術の価値に信頼性が増し、院自体の価値も高まるでしょう。

もちろん、**「紹介」においてやらせが厳禁**なのは当たり前です。その上で、お客さまの活動にとっても、SNS上での紹介や宣伝に効果があれば、Win-Winの関係を作ることができると思います。そうしたことを可能にするためにも、自社アカウントの発信力を増やして、価値を上げておく活動が大切になります。

TikTokで人気を集めた地方都市の居酒屋に、全国からわざわざインフルエンサーたちがコラボするために向かうということが多くなっています。何かのきっかけで話題になると、その話題を検証するために集まってくれるインフルエンサーのおかげで、話題がさらに広がります。そして、「インフルエンサーがコラボしに来ているお店」になることで、一般のお客さまの来店動機が強まり、さらにお店の認知度が高まっていく、というサイクルになるのです。

とはいえ、しつこくくり返しますが、基本は日々の投稿です。そこを怠っては驚くような展開にはつながりません。ぜひことあるごとに意識してみてください。

ニーズのあることを続けると フォロワーは積み上げ式に増える

さて、あなたのブランドアカウントは日々投稿を積み上げ、フォロワー数を増やしていくことができているでしょうか。ニーズのあることを続けるとフォロワーは自然と積み上げ式に増えていきます。逆に……投稿するたびにフォロワーが減っていたら注意が必要です。

私自身、メディア企業や食品メーカーで投稿するたびにフォロワー数が減っている企業を多数見てきました。極論かもしれませんが、大手においてはフォロワーが減っているアカウントしか見たことがない、といっても過言ではありません。

その理由はフォロワーの増やし方がフォロー&リポストキャンペーンに集中していて、その上、日常的な投稿がポスティングチラシのように商品アピール投稿ばかりに偏っているため、面白みが感じられず、フォロー時のメリットがなくなったフォロワーからリムーブされてしまっているのです。

そのような状態では「ニーズのあることを投稿しましょう」と伝えても「何がニーズのある投稿なのかわからない」という返答しか戻ってきません。しかし、そこで思考を止めていたらマーケティングを始めることができないのです。業界最大手のマーケティング部署でもいま述べたような状態なのです。ということは、**日本国内のSNSマーケティングにはまだまだチャンスがたくさん眠っている**のです。

ちなみに、フードクリエイティブファクトリーで運営中のアカウントにおいては右肩上がりにフォロワー数が増えています。どうやって増やしているのか——は、ここまですべてご紹介してきた内容を日々積み重ねている、ということに尽きます。

ニーズのある投稿は、いいねがつき、リポストされるので、常に新しいユーザーにリーチされます。その数が増えれば増えるほど出会いが多くなり、結果、新しいフォロワーが増えるわけです。

もう一つ、「**方法に執着するのはやめよう**」というお話もしておきたいと思います。

たとえば、メリットのある投稿をしましょう、と伝えると「うちは酒のメーカーなのでレシピはやらない」と答えてしまう担当者さんがいらっしゃいます。

こうした答えを聞くと、現場の担当者さんレベルで、これほど重要な戦略的方針の意思決定をしてよいのだろうかと心配になります（逆説的にいうと、その返答がそれほどまでに重要な戦略的方針に関わる内容だと考えてもらえていない、ということでもあります）。

もし弊社で同様な返答が外部のコンサルタントになされたのであれば、返答した現場の担当者を呼び出し「それについてはあなたが決めることではないので、先方の提案について、きちんと上役に上げてください。可否や方向性を判断するのは戦略レイヤーの責任者です」と伝えるべき事案です。

ここで問題は二点あると思われます。まず「有益な投稿」について情報やアイディアが足りないまま判断している、ということ。どういうものが有益な投稿となり、それが自社にとってどのように必要なのか、概観や詳細が理解できていないと、当然、適切な判断を行うことはできません。

目的を達成するための手段について、
実に無数の方法が目の前にある。
やり方に執着してはいけない。

次に「うちのやり方」への執着が強いというのも問題だと思います。執着すべきは結果であり、手段ではありません。登山でいえばしっかりと山頂に到達するという「結果」を目指すべきであり、どの道をどうやって上るかという「ルート」に固執するべきではないのです。

極端な話ですが、新宿駅から目的地の東京駅に向かおうと思った時、大幅に遅延している（あるいは満員で乗れない）のにもかかわらず、山手線を使うことに固執している人がいたら、**「なぜ中央線を使わないのか？」**という疑問が必ず湧くはずです（東京近郊以外の方は、ぜひ新宿‐東京のルートを調べてみてください）。

目的を達成するための手段について、実に無数の方法が目の前にあります。そのどれを使ってもよいわけです。「この方法でなくては達成できない（達成する意味がない）」という、やり方への執着が、価値ある結果からあなたを遠ざけることに気をつけてください。

ニーズがあることを探す方法

どんなニーズがあるかを探す方法について、実際にお客さまと会話をして、どんなことが知りたいか、どういう情報が役立つか（ほしいか）をヒアリングする、というのは有益なやり方だと思います。営業先や売場に同行してお客さんがどんな情報に関心をもっているかをリサーチしてみましょう。

またユーザーがどのようなことに困って検索するかを想像してみましょう。検索ワードには「人々が知りたいこと」のニーズが眠っています。ホームページ集客にそれなりに力を入れている会社ならGoogleのサーチコンソールにログインして、検索クエリを調べると「どんな言葉であなたのホームページに流入しているか」を調べることもできます。

たとえば飲料メーカーであれば、お客さまが何を求めているかを想像します。「もっと美味しいビールの飲み方」であれば、その飲み方を知ったら、もう普通の飲み方には戻れないような美味しい飲み方を考えましょう。

あえて室温を三〇度まで上げる、しょっぱいおつまみと一緒に食べる、疲れ果てるまで働く、長距離走で限界まで汗をながす、等々、そうしたラインナップの中に大喜利《おおぎり》要素を取り入れて「7選」に仕上げて動画で紹介すると、思わず見てしまう動画ができあがるはずです。

これらは「ビールが極めて美味しく感じられる状態を作る」というやり方ですが、グラスをキンキンに冷やす、という方向性のアイディアもあると思います。投稿するのであれば、アイディアをもう一歩掘り下げて「どう冷やすと最高にキンキンなグラスで飲めるか」を考えてみましょう。

冷蔵庫で、冷凍庫で、氷を入れて冷やす、氷でグラスを作るなどいろいろと考えられると思います。バーテンダーさんはロックアイスを仕込む際、包丁とアイスピックを使って彫刻のように「丸い氷」を作ります。そこから派生して、バーテンダーさんにどうやったらビールが美味しく飲める氷のグラスを作れるのか、作り方の解説動画を制作するというのも良いコンテンツになると思われます。

広めたいのが日本酒でしたら、自宅で熟成古酒をつくる方法などを投稿するのも、お酒好きには知って楽しい知識になります。


投稿するにあたっては、テレビに出るプロのお笑い芸人を目指す必要はありません。飲み屋で話題に出したとき会話が広がるくらいのレベルを目指しましょう。

かつて岩手県一関市を訪ねた時に、お世話になった市役所の方から「これ新幹線で飲んでね」と缶のにごり酒〝雪っこ〟を渡されたことがあります。その時は疲れていたのか車内で飲むこともなく寝てしまい、帰宅後は食材庫にしまい込んで、すっかり忘れていました。それから三年がたち、ある日、再び雪っこを発見したのです。

白くうすにごっているはずの雪っこは茶色く褐色していて、見るからに危険な雰囲気を醸し出しています。しかし、せっかくいただいたもの、味わわなくては申し訳ない、と恐る恐る口をつけてみたところ……なんと、これまで飲んできたどの日本酒よりも美味しく、思わず感動しました。

その後、古酒専門に造っている蔵元で話を聞くと、常温で雑に保管していたことが逆に功を奏し、古酒の熟成が進みやすい環境を形作っていたようです。

――こんな体験も皆さんに興味を持ってもらえる投稿になるのです。

初心者のアイディア出し必勝法「とにかく紙に書いて出す」

一人でアイディアを出す必勝法は書くこと。二人以上であれば歩きながら喋ったり、飲みながら話したりするだけでもOKです。しかし、自分一人でアイディアをつくる場合は、書く一択になります。

まず、頭の中に浮かんだ言葉、懸念、否定語、なんでもよいので全部書くようにします。この時、箇条書きで書かずに、マインドマップ（コアとなる概念を中央に置き、そこから放射状にキーワードやイメージを展開していく図解法）で書くのがお勧めです。あるいは、ひたすら頭の中に浮かんだ言葉をだらだらと書き留めるのも良いでしょう。「うーん」とか「その」とか「あの、あれ」など、通常の清書には含まないような心内語も含めて全部書き切ってください。そうすることであなたが自由に誰かを相手に話しているのと変わらない状態をつくることができます。

よいアイディアはリラックスしているときに出てくることが多いです。「きっちり」よりもなるべく、「だらだら」書き出せるように自然体で行ってみてください。

さて、紙に書きつけたら、その中から「実現させるアイディア」を二〜三個ピックアップしてみます。実際にその全部に取り組む必要はありません。全部やろうと意気込んでしまうと、かえって重たく感じて、どれにも手を付けられないという状態になってしまうことがあるからです。やったほうが良さそうだな、くらいのものに取り組んでみてください。もちろん、ご自身でこれはやるべき！と思って積極的に取り組めそうなものがあれば、率先して行っていただいてOKです。

そのようなアイディアについては、実現できるように自らのルーティンにしましょう。たとえば私なら自分宛てに内容をメールするようにしています。Emailは一日一回以上、必ず確認するからです。Emailに送ってもなお後回しにしてしまったことは、スケジュール帳に

アイディアを思いついたら、
その場ですぐに書き出そう。
とにかく、すべて書き出すこと。

「いつやるか」決めて、予定に入れます。少し手間になりますが、必ずやった方がいいことは、絶対に実行できるまで、しつこく追いかけることが重要です。

人気アカウントほど人気になる／人気者になろうとしない

SNSを始めると、どうしても有名インフルエンサーをベンチマークにしてしまうこともあるでしょう。何しろとにかく目に入ります。知っている存在であり、また目立つ存在なので仕方ないのですが、あなたは人気者を目指してはいけません。

人気者は何を言っても受け入れられる傾向が強い世の中になりました。しかし、人気者を目指すことで、「他者に受け入れられたいエゴ」が強く出てしまうようになります。**企業SNSとして、ユーザーさんに喜ばれる投稿と、担当者自身が皆に受け入れてもらえるような投稿は相反します。**

仮にあなたが発信した「役立つ投稿」がバズって多くの人にリーチしたとしても、「あなたを受け入れてもらいたい投稿」がタイムラインに目立つようになるとフォロー率は目に見えて下がります。

間違っても「これから○○で仕事です！」「○○さん（著名人）と打ち合わせしてきました！」「仕事の後は○○を食べます！　乾杯」など、ユーザーが喜ぶ（欲している）投稿とまったく関係ない個人的な投稿をしないように気を付けましょう。

食品メーカーなどでは、極端な例（下記は実際にはないもの）ですが、「おはようございますみりん」というように、自社商品と絡めた語尾で謎の挨拶を行う企業が結構な数あると思われます。ここにも「ブランディングのために」意図的にそうした投稿を行っているという話も聞きますが、それは人気者を目指している人気のない人と同じ失敗をしていると思います。

常に「この投稿はユーザーさんたちのためになっているか」を振り返ってみてください。念のためにですが、自分を受け入れてもらいたいがために行う投稿は裏垢でもやってはいけません。一度やり始めると癖になる厄介ごとなので、そもそもそうした投稿は一切やらないのが一番です。

慣れてきたら、気をつけたいこと

1 効率よくやろうとしない

ＳＮＳの運営を効率よくやろうとするとメンタルに影響を及ぼすことが多いと思います。たとえばすでにやり方がわかっていることであれば、その中で効率を求めたり、段取りを意識すると合理的に遂行できると思いますが、初めての、いまだ成功体験のない状態で効率よく拡散される投稿を公開しようと考えたり、効率よくフォロワー数を増加させようとすると、失敗したときの心的ダメージが非常に大きいものになります。

よって、まずは効率を度外視して、積み重ねを意識していただけたらと思います。

2 量をリリースせよ

効率よくやらない、と少し似ているのですが、**質を追い求めない**ようにしましょう。量をリリースすることで、その過程で質が成長してきます。初めはあなたのことを誰も知らないというのが前提になりますので、とにかくアイディアを書き出して、形にして仕上げるその量を増やすことを目標としましょう。

私は食の企画会社としてかつて、ひと月に一〇〇記事を企画し、コラム原稿を書いて納品していたことがあります。毎月の企画会議のために一〇〇本の企画を考えなくてはなりませんでした。相当にきつかった思い出がありますが、それでも量を経たことで、質が見えてきたことと、企画を発案する瞬発力が身につきました。

量が質を作ります。よって、時間を区切って、その間にどのくらいのアイディアを出せるか、数という結果にこだわることをお勧めします。重要なのは、内容そのものではなく、量＝数である、というくらいに振り切っていただくことです。

また出した企画について、一つ一つを振り返るのはやはり企画発案のメンタルの維持を考えるとやめておいた方がよいと考えています。振り返って「ああすればよかった、こうじゃなかった」と考え込むよりも、新しいアイディアを考え、実行したほうが間違いなく結果につながります。そしてそれを繰り返すことの方がアイディア脳の活性化をもたらします。

仮に振り返るとしても、「ここまでこれだけの数の企画を考えることができたのか。よくやっているな、自分」と肯定的に振り返るようにしましょう。自分に厳しくすることで自分を潰してしまってはもったいないです。ゆっくり、じっくり、新卒の社員を見守るような温かい気持ちで企画に取り組む自分をいたわってください。

3 「人がやらないこと」をやると注目を集めるが、一般的には難しい

誰もがやらないようなことに取り組んでうまくいったプレイヤーは「他人がやらないことをやることが成功への道だ」と考えます。それ自体はその人の経験則なので否定しませんが、よほど厳しいビジネス環境に置かれ、叩き上げで育った人でなければ、その方法ではうまくいかないと思います。

私としては、本書の執筆において、「(ビジネス上、激しい体験をしたり、極端な状況を生き延びたわけではなく）普通に仕事に取り組んできた誰であっても、SNSのマーケティングにおいて、成功確度を上げられる」指南ができる一冊を目標としています。誰もが本書を活用できるようになってほしいと考えています。

上場企業というと、誰も取り組んだことのない企画、考えたこともないアイディアを必要としている、と思い込んでいませんか？　しかし実際、上場企業の大半はそうした思い込みの真逆で、ごくありふれたビジネスモデルを遂行しています。突飛なビジネスを手掛けているわけではないのです。

「誰もやったことのないサービス」を想像してみてください。そもそも想像するのも難しい

ですが、そうしたものにはたして「需要」がどのくらいあるのでしょうか。もちろんこれから需要が来る分野において、さきがけてアイディアを出しビジネスにするということはあると思いますが、皆さんが一度は利用したことがあるであろう、寿司、カレー、焼肉、焼き鳥、旅行代理店、保険代理店……どれもありふれたビジネスモデルなのです。

ありふれている、ということは、そこに同業者がたくさんいても商売が成り立っている、ということ。つまり、市場規模が大きい、ということです。これはビジネスヒントでもありますが、プレイヤーがたくさんいて活気がある分野というのは、需要度が高いということでもありますので、その中で他と差別化する方法を考える方が（誰もやったことのないサービスを企画するより）、商売が成り立ちやすくなるのです。

4　目標は「いいね！」を一〇〇つける

成長のコツはちょうどいい難易度の課題を設定してあげることです。最初の目標はいいねを一〇〇つけることにしてみましょう。概算ですが、いいね一〇〇を獲得するためには、投稿が一万人にリーチするというイメージです。

はじめは特定の分野で共感してくれる人を探してフォローし、いいねしてもらえるようにしましょう。投稿にいいねがついてくると、人気の投稿をしている人になれるので、フォローしてもらいやすくなっていきます。

5 ウケてる／ウケてないの判断ができるようになるのはもっと先

なかなかいいねがつかないと「自分の投稿がウケてないのではないか」と凹んでしまうということはよくあります。私も最初はそうでした。が、凹んでいても何も得られません。またそもそも現時点でウケているか／ウケていないかはどちらでもよいことです。継続的に力をつけていくことが大切なので、凹むことなくアカウントを運営していきましょう。

ちなみに、ウケているかどうか判断できるようになるには、一年は活動を続ける必要があります。最初の一年間はウケてるかどうか、判断しないようにしましょう。十分に根が育っていないうちにウケを気にしてしまうと、せっかくよい投稿を続けていても、何が正解なのかかえってわからなくなり、ＳＮＳ投稿の型を崩してしまうことになります。

6 ウケてることを取り入れる技術

ウケていることを取り入れるコツは、ウケている事象を詳細に分析しないことです。

なぜウケているのかについての要因は、どれだけ考えてもこちら側で得られる情報だけでは測ることができないからです。

ですので、人気が出ているジャンルがあるなと目に留まったら、なぜ人気が出ているのだろう、どこにユーザーにとって嬉しい（あるいは盛り上がる）要素があるのか、抜き出してみてください。

たとえばX（旧Twitter）では素麺レシピがウケる傾向にあります。中華麺やパスタやうどんでは素麺ほど高い確率でバズりません。他の麺と違って、なぜ素麺だけやたらと投稿が伸びるのかについて、大まかに「素麺は食べ方が一定だから、美味しく食べることができそうなレシピのアイディアが喜ばれるのではないか」という程度で推察しておくのがよいと思います。そのうえで、実際に素麺のレシピを夏場に投稿していくのがよいでしょう。

7 本の受け売り、人の言葉のままを自分の言葉のように話してはいけない

発信者になると、自分の考えを断定語で伝えることが増えます。断定語を使うのは一種の発信者のルールでもあります。というのも「〜だと思う」「〜らしい」という判断があいまいな状態の言葉をつかうことで、コンテンツが弱くなるからです。よって、言い切る形を取り入れるのがセオリーとなります。

しかし、ここで注意が必要となります。

断定語によって強力に個性を出すことができますが、仮に「本の受け売り」や「他人の言葉」をどこかから借りてきて、それを断定語によって語ってしまうと、それらがあなたの言葉として発信されてしまいます。文章によく接している、あるレベル以上のビジネスパーソンなら「この言葉の根拠となる体験はなんだろう?」と、投稿者の人生経験を超えているように感じられる言葉に違和感を覚えるでしょう。

受け売りの言葉を自らが考えた言葉として発信してしまうと、それに誰かが「この人の言葉は○○の発言の受け売りだ」と気がつきます。フォロワーが増えれば増えるほど、気づかれる可能性は高まります。そうなると、あなたが発する情報の信頼性・信憑性が失われ、興味を持たれなくなってしまいます。

フォロワー=お客さまとの関係を深く保ちたいのであれば、もし誰かの発言や考えに投稿で触れる必要があれば、必ずその部分を明確にして投稿するようにしましょう。

8 パクりはNG

雨の日も風の日も休まずコンテンツを発信し続ける日々は忙しいものになると思いますが、絶対にやってはいけないことがあります。

ここまでに何度か繰り返し述べてきているので、しつこいくらいですが、絶対にパクりに走ってはいけません。パクられた方は、そのコンテンツが自分をパクって作られたことがはっきりわかります。これは自分の体験からもそう言えます。

パクりには相手に対して迷惑をかけているということだけでなく、恐ろしい一面がありま す。それは、パクりによってある程度人気を獲得してしまうと、オリジナルな投稿を行った時、反応が悪くなるのが嫌になり、さらにパクリを続けるようになる、ということです。

たとえば、かつて体験したことをお伝えすると、「ラク速レシピのゆかり」のレシピと独自性の高い言い回しが、とあるインフルエンサーにパクられていたことがありました。しかし、パクっていると気づく人には気づかれます。そして、気づいた人たちを中心に評判が落ちていきます。

パクりによって落ちた評判を取り返すには、一度パクっていたという事実を認めて、公式に謝罪し、出直す必要がありますが、普通にコツコツ（淡々と）投稿を重ねていくよりはるかに効率が悪くなるでしょう。また一度パクっていたことを認めることで、それ以降の投稿についても「パクってるのではないか」という疑念の目を向けられ、ユーザーとの純粋なむすびつきが形成されにくくなってしまいます。

最初から、コツコツ本書で紹介しているトレーニングを続け、誰かをパクらずともアウトプットを継続できるように取り組んでください。揺るがない実力をつけることが成功確度を高めます。安易なパクりは絶対にやめましょう。

9　メディアを育てるという認識でコツコツ積み上げる

成功を確実なものにするには、「メディアを育てる」という認識でコツコツ投稿を積み上げることが必要です。SNSは自身が編集長をするメディアで、そこに誰かの役に立つ記事を積み上げていくことが重要なのです。

ユーザーはあなたの投稿を見つけて、プロフィールに興味をもち、タイムラインを見て他にも有益なコンテンツがあればフォローします。タイムラインを見ても、有益なコンテンツの密度が低ければ、フォローせずに離脱してしまうのです。

有益なコンテンツを積み上げて、しっかり人気アカウントになればマネタイズは必ずできるようになります。これからSNSを始める人は、まずはマネタイズを一年先に置いて、その願望も手放して、目の前のユーザーが喜ぶ投稿を連発していきましょう。

マネタイズに集中すると、あなた自身が成功を手に入れるより先に、間違いなくあなたのメンタルが疲弊してしまいます。これはウケるかウケないかを気にして疲弊するのと同様の原理です。

10 SNSはダイエットと同じ（効果が出るまで止めない！）

SNSはダイエットと同じです。そのこころは「痩せるまで続けた人が成功する」。

ダイエット法にも流行り廃りがありますが、基本的には、実践して得られたダイエットの理論に合わせて、同じように実践を続けることで、ある程度は痩せることができると思います（極端なダイエット法を除いて）。

一方で、ダイエットが失敗する最大の理由は「痩せる前にダイエットをやめること」。飽きる、忘れる、面倒くさくなる、その手法が信じられなくなる、というメンタルに関連するトラブルに挫折することです。しかし続けていけば、間違いなく一定の減量効果を得ることができます。

どんな手法を選んだとしても、痩せるための唯一の方法は「行動を続けること」です。SNSも短期間に急激に頑張りすぎると、くたびれたり、飽きたり、やる気がなくなったり、簡単に「止める理由」を見つけるようになります。もし自分が何事も頑張ってしまうタイプだと自覚していたら、「頑張りすぎないことを頑張る」ようにしてみてください。

慣れてきたら、気をつけたいこと

1 効率よくやろうとしない

失敗ウェルカム

2 質を追い求めない

量をリリースする

3 「誰もやったことのないこと」を求めない

ありふれたビジネスモデル=需要がある

4 「いいね！」100を目標にする

5 ウケなくても凹まない

6 すでにウケてるものを取り入れる

7 人や本の言葉を「自分の言葉」として語らない

8 パクりはNG！

9 「メディアを育てる」
という姿勢で

10 SNSはダイエットと同じ

効果が出るまで止めないこと！

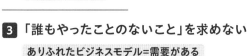

さらに投稿を伸ばすために必要なこと

1 投稿を顧みる

自分の投稿がユーザーに喜ばれる価値を提供できているかどうか、常に顧みるように努めましょう。

フォロワーが増えると反応が得られて、なぜか「自分に需要がある感」が生まれてしまいます。しかし、この種のエゴはよい働きをしません。こうした状態の時、ユーザーはあなたのファンになっているのではなく、あなたの出すコンテンツが「ちょっと役立つな」というくらいに思っているだけです。

コツコツと投稿を継続していくために、自意識を高めすぎないように注意してください。

2 ノイズになる投稿をしない

こちらもくり返しになりますが、フォローしてくれたユーザーのタイムラインでノイズになる無駄な投稿はしないこと。「Xにはなんでも投稿していい」と考えてはいけません。それで人気が出て、受け入れられるのはファンのいる芸能人であり、強者の戦略です。間違ってもあなたが取るべき戦略ではありません。

3 お客さまに嬉しい投稿をする

いいねをコンスタントに増やす行動は「お客さまに嬉しい投稿」をすることです。

SNSはブランドがPRしたいことを顧客が喜んで、ありがたく受け取ってくれるという関係性が表れる場所ではありません。

個を好きになってもらおうとエゴが出ると余計な投稿をしたり、「自分は認めてもらえなかった」という期待はずれがおきてエネルギーが下がります。あまりに気持ちが上がらないと投稿が苦しくなっていくでしょう。

しかし、評価基準を「お客さまの嬉しさ・喜び」のみに置けば、余計な邪念や煩悩が消えてクリアに目標を目指すことができるようになります。

4 ファンを作ろうと特別な意識をしない

ファンを作ろうとしなくて大丈夫です。

ファンを作ろうとすると、逆に「ファンが増えない」という悩みが生じます。ファンとは「相手が自分の意思でなってくれるもの」で、こちらの行動次第でどうにかなるものではありません。作ろうとすることで、ファンができなかったときに落ち込むことになるので、ファンを作ろうとしてはいけません。

大事なことは心を穏やかに保ち発信を続けること。有益な投稿を続けることでコンテンツのファンになる人は必ず増えていきます。

5 知り合いや友だちをつくる感覚で続ける

SNSは軽い知り合いや友だちをつくる感覚でコツコツ続けましょう。その中で知り合いが増えたらちょっと嬉しくなります。ときおりコメントをくれるような人が現れたら、「会ったことはないけど、ちょっとした友だち」ができたと思って、こちらも嬉しくなるでしょう。

メディア発信はコツコツと長く続けるもの、という話をしていますが、続けていく中で元気をくれる存在がいることはとても励みになります。

かといって、一人ひとりと深い関わりを持とうとしてしまうと、「あぁ返事を返さなくては」「今日も返せなかった」とある種の返応《へんおう》の呪縛にかかってしまうので、もう少し気楽に考え、返事ができたりできなかったりする距離感でOKなのだ、と自分に言い聞かせてください。実際にそれで問題はありません。

6 応援されるよりも役に立つ方が簡単だ

ファンを作ろう、ファンになってもらおう、と思うと不確実な要素が増えます。顔を出した方がいいか、ダメなキャラでいった方がいいか、面白いキャラで行こうかと考えてしまうことも多くなるでしょう。しかし、過激なことをしてみたり、突き抜けて人気が得られるチャレンジャーはごくわずかです。しかも再現性がありません。つまりいまからHIKAKINさんのやっていることや、レペゼン地球さんがやっていたことを追随する動画を出しても人気が出ることは絶対にないのです。

しかし、人気者になろうとせずとも、投稿しているコンテンツが人の役に立つならば、ファンとは言えないような段階でもフォローしてもらうことができます。誰かの役に立てばフォローしてもらえるならば、いま取り組んでいることを「誰かの役に立てるように改善」していくだけです。

前者を目指すならファンになってもらうためにあらゆる要素を試行錯誤しなければいけませんが、後者であれば「どうすればもっと役に立てたか」に課題を絞れるので、正しい努力がしやすいのです。

正しい努力とは、得たい成果を得るために必要なトレーニングや積み上げ行動です。いかに早く正しい努力の方向性やクリアすべき課題を見つけられるか、継続できるかが目標達成の鍵になります。

こちらも繰り返しになりますが、本書は「真似すれば簡単に誰でもインフルエンサーになれる内容」を紹介しているのではなく、読者の皆さんと「正しい努力」を重ねるための本なのです。

7 プレイする戦場を選ぶ

私が一番楽しいのは、これからどんな発信をしていこうか、と考えているときです。ゲームでプレイする戦場を選ぶようなワクワク感があります。皆さんも、楽しみながら投稿の内容やジャンルを考えてみてください。冒頭でお話しした通り、楽しくなければ続きません。そして続けられなければ成功はないのです。しかし、楽しいこと、やりたいことであれば、人は続けることができます。楽しいから続けたくなり、その結果成功するのであれば、まず、自分がワクワクできるフィールドを探してみてください。

発信を始めると、想像以上にインプットが必要になるということに気がつくと思います。またどれだけ投稿を重ねたとしても、結果が出るまでには一～二年というスパンで時間がかかります。その間、インプット＝学びの時間を楽しく過ごすことができる「戦場」を選ぶようにしてください。

8 大きいマーケットで差別化する

先に「商売はありふれたサービスで展開したほうがよい」とお伝えしました。

同様に、「戦場」を選ぶのであれば、大きなマーケットを選ぶのがよいと思います。「大きなマーケットはレッドオーシャンで、競合も多いので大変なのでは……」と思われるかもしれません。

マーケットが大きいということは、それだけ拡散される（商売であれば成功する）可能性が高い、ということでもあります。マーケットが小さい場合、そもそもそこにマーケットがあるというところから認知してもらう必要があり、またお金を出してその商品やサービスが欲しいという人が少ない、ということになります。コンテンツの場合、消費するのは時間ですので、自分の時間を使ってまでそのマーケットに関連するエリアでコンテンツを探したいという人が少ないと言えるでしょう。

大きなマーケットの場合、すでに「それが欲しい」人がいるので、マーケット内で差別化・ブランディングを明確にできると、比較的早く頭角を現わせるようになると思います。

ブルーオーシャン戦略とは、競合相手が少ないマーケットを選ぶと有利に展開できる、ということですが、そもそものマーケットの規模が小さい場合、欲しい成功を得ることはできません。

「まだ誰もやっていないこと」は今の時代ほとんど存在していないと考えた方がよいです。そうした商品・サービスを考えて勝負をするのではなく、「すでに誰かがやっていること」の付近で、ブランディングの創意工夫をするようにしましょう。

9 新しくないサービスにも、誰もやってないことはある

誰もやってないことなんてない、と申しましたが、舌の根も乾かぬうちに「そんなこともない」というお話をしようと思います。

toroaでは最高級レストランで使えるレベルの素晴らしい原料でケーキを作っています。

素材選びについて、たとえば複数の候補が浮かび上がった場合、原価率を基準として（つまりどちらが安いかで）仕入れを決定することはありません。そうした場合、それぞれを使っ

て、同じ条件で試作をし、食べ比べてみて「より美味しい方」を採用します。値段ではなく、あくまで美味しいかどうかが基準です。

そのように最高級レストランで使う素材を原料としたケーキを作り、お取り寄せスイーツの相場の価格に合わせて発売したところヒットした、というわけです。

つまりtoroaは最高級レストランのスイーツのマーケットに照準を合わせてケーキを作っているのです。ミシュラン二つ星以上では一食三万円を超えることが少なくないですが、どのお店でも出てくる料理は最高の逸品です。その中で、「デザートだけ一ホール、三九八〇円で買えたら嬉しいよね」という発想からスタートしました。

なぜ、それほど高級で質の高い原料を惜しげもなく投入しているのに、提供する価格を安くできているのでしょうか。

それには逆説的ですが、実はなぜ、安いのかを考えるより、なぜ最高級レストランが高いのか、を考えた方が、理解しやすいと思います。

最高級レストランの価格の内訳として、東京都内でレストランを開くと賃料が高すぎるという問題があります。渋谷区において一階部分の商業賃貸の坪単価平均で四万七〇〇〇円はかかる上、ゆったりした空間も必要です。しかし、toroaの坪単価はなんと三六〇〇円です。およそ十分の一の値段しかかかっていません。その差額が定価に反映されています。

さらに投稿を伸ばすために必要なこと

1 投稿を顧みる

2 ノイズになる投稿をしない

3 お客さまに嬉しい投稿をする

4 ファンを作ろうとしない

5 知り合いや友だちをつくる感覚で続ける

6 応援されるよりも役立つ方が簡単

7 プレイする戦場を選ぶ

8 大きいマーケットで差別化する

9 知られたサービスの中にある
誰もやっていないことを探す

toroaを始めたばかりのころ、熟練の職人さんもおらず、一日にほんのわずかな商品しか作ることができませんでした。しかし、皆の日々の努力のおかげで機械を導入することができ、生産数を一気に一〇倍に増やすことができるようになりました。

こうして得たものについては、またお客さまに還元する必要があると考えています。

この原稿を書いている真っ最中にtoroaのケーキは原料そのままで価格を下げます。原料のグレードを下げるのではありません。あくまで資材を見直し、販売管理システムを導入することでより適切な販売状況を見極めます。

なぜtoroaは十分に成長しているのにわざわざ値段を下げるのか、というと、それは今よりもっと大きなマーケットに進出することを目指し、その中でも差別化を図るためです。

現在は出発時の狙い通り「戦場」としての）高級なお取り寄せスイーツにポジションしていますが、これからは「日常の中にくつろぐ時間を提供する」ことを目指していきます。

日本人は他人のためならいくらでも尽くしますが、こと自分に尽くすということがとても苦手だと考えています。そこで、もっとtoroaのスイーツを自分へのねぎらいやご褒美に使っていただきたい。そう考えているのです。

よって「自分用にも使いやすい、少しよいおやつの中で圧倒的によい原料を使っている美味しいケーキ」が提供できれば、お客さまたちにも喜んでもらえるのではないか、と考えているのです。

第3章

SNSメンタルの作り方

ＳＮＳを長く続けていこうとしたとき、それを阻害する一番の原因はアイディアの枯渇ではなく、「メンタル」の問題です。ユーザーも非ユーザーも入り混じった不特定多数の人とネットワーク上でコミュニケーションを続けるときに一番大事なことは何でしょうか？

それは「思考と感情をコントロールすること」です。一般社会の人間関係でも重要なことですが、顔の見えない相手とやりとりをする場合に、より重要となるのが、思考と感情をコントロールすることなのです。これがままならないと、さまざまな問題が噴出します。

この章では自分の経験を踏まえつつ、皆さんに湧き起こるであろう問題や悩みに事前にお答えしていこうと考えています。

先にすでに少しお話ししている内容も出てきます。「あ、これ先に読んだかも」と思われたら、「でも、くり返し語られるだけ価値のある、重要なことなんだな」とご理解いただけると幸いです。

ＳＮＳで承認欲求を満たすな

SNSは自身のビジネスのために割り切ってやるようにしましょう。

本書の読者として「ある程度ビジネスの拡大にSNSを利活用しようと考えている人」を想定しています。そこで、いまさらではありますが「ビジネス＝金儲け＝拝金主義者」ではないということをお伝えしておきます。

ビジネス、お金はどちらも手法や手段であって目的ではありません。**あなたの目的は今あなたが関係しているビジネスを通して、もっと多くの人に喜ばれたり、成果が社会に還元されること**です。

当然、そうして世の中に貢献した人間が対価を得ることは重要です。また対価を得ることも手法であり手段なので、対価を得るということの先にそれぞれの理想や意図するものが存在しています。

よって成功しているように見える人を「お金のために～しているんだな」と考えたり、うらやましく思ったりするのは止めましょう。そういうマインドを持っているとあなた自身の夢や創造性を十全に使うことができなくなってしまいます。もしそういうマインドに陥りやすい傾向にあったら、ぜひ思考習慣を改善してみてください。

「お金を稼ぐこと」が目的ではなく、その先に自分が思いつかないような「使い方」があるかもしれない、とイメージできるようになるだけで、まったく違った世界が開けるはずです。

それから努力は「実体」のためにすべし、ということもお伝えしておきたいことです。どういうことかというと、「誰かに認めてもらいたい」「モテたい」「すごい人だと思われたい」という願望は承認欲求から生まれ、そこには「実体」（具体的な何か）と「終わり」（これで完了、満足する）ということがありません。

もちろん芸能人として成功したり、並外れた起業家として成功する際、終わりのない欲求が寄与することがないとは言いませんが、そうした欲は多くの人にとっては使いこなすことができない暴れ馬のようなものでしかありません。

お金も実体がないものです。見慣れている「お金」は紙であったり硬貨の形をしているので、つい具体的なものだと思い込んでいますが、お金は紙や硬貨そのものに価値はありません。あくまで抽象的な「一万円」という概念に価値があり、それを紙や硬貨に投射することで、交換が可能になる状態を「約束」しているわけです。実際、現在はデジタル決済化社会が進み、紙や硬貨が登場することなく、モノやサービスとお金を交換することが可能になっています。

実体のないものへの欲求というのは、いま述べたようにパワフルですが、極めて暴走しやすいものです。よって読んでくれた方が「コツコツ取り組むことで得たい結果を得ることができる」、「普通に仕事に取り組んできた誰であっても、SNSのマーケティングにおいて、成功確度を上げられる」ことを目標とする**本書においては「実体のないもの」の獲得をモチ**

SNSで承認欲求を満たさない

「実体」がない抽象的な欲求をベースにSNSを行ってはいけない

ベーションとすることを禁じます。

「お金が欲しい」というモチベーションは、それだけでは実体がないものなので禁止ですが、その先に「車椅子での移動が必要な妹のために、段差がなく、不便なエリアには手すりを付けた、バリアフリーの家を建てたい」というモチベーションがあるのであれば、それは実体があるものになります。しかし、「お金が欲しい↓広い家に住みたいから」という場合は、広い家の広さに際限がなく、またどんな家なのかも抽象的な状態なので、実体がないものとなります。

自分の望みの先に実体があるかどうか、まずはよく心の中を眺めてみてください。

そこがすべての出発点となります。

自分をわかってもらおうとしない

SNSやインターネットへの投稿において、「自分をわかってもらおう」としてはいけません。仮に自分のキャラクターを誰かに理解してもらいたければ、別の手段を使うようにしてください。SNSはあくまでコンテンツにファンがついてきます。投稿は「有益なものである」という原則から外れてはダメです。

たとえば、もし自分のキャラクターをわかってもらいたいのであれば、イベントを企画して足を運んでくれる人と交流するというのが一案です。あるいはECやレッスンなどのサービスを通して人となりをわかってもらうという方法もあります。

しかし、いずれにしてもそこでの目的を承認欲求を満たすことにせず、あくまで「サービス」あるいは「商品」が主体で、そのファンになっていただくことを目指してください。

とはいえ、なかなか線引きするのは難しいと思うので、原則通り「投稿を通じて自分をわかってもらおうとしない」のが一番よいと思います。

投稿は朝昼晩、日課になっている歯磨きと同様に。

一喜一憂しない、波を作らない

投稿がどこまで伸びているか、どのような反応が得られたか、そうした結果をずっとチェックし続けて（張り付いて）、それに一喜一憂してはいけません。先にも述べましたが、一つひとつの投稿結果は詳細に振り返らず、通常に対する異常値があれば、少し調べてみる、程度の距離感を取っておくことが大事です。

異常値とは、いつもより（あるいは思ったより）投稿が伸びたのであれば、何が要因かを探ってみます。逆に伸びが極端に少ない場合も、なぜそうなったのかに興味を持って調べてみましょう。

一喜一憂と言いましたが、喜ぶのはとてもよいですが、伸びなかったり、コメントされなかった場合に落ち込まないことを目指してほしいです。感情の波があることで、淡々と続けていくことが難しくなってしまいます。そのためには投稿の際、「期待」するのを止めるというのも一つの方法かもしれません。

投稿は朝昼晩、日課になっている歯磨きと同様に感情を込めずに進めるのがよいと思います。それでも続けていくうちに、必ず手ごたえを得ることができます。手ごたえがあったポイントでいろいろとテストをして、そこから伸びる方向を探るようにしていきましょう。

インフルエンサーの真似をしても伸びない理由

先に少し同様のお話をお伝えしました。インフルエンサーの真似をしてもあなたの投稿は伸びないことが多いです。

SNSは黎明期からやっていた人が圧倒的に有利なシステムになっています。初期はプラットフォームにコンテンツが少なく、何でもいいからコンテンツを得たい人たちがいるので、極端な話、有益でなくても、面白くなくても伸びます。

しばらくするとジャンルが細分化され、それぞれのジャンルにおいて「椅子」が空いているところに新しいインフルエンサーが誕生します。そして、コンテンツが飽和してくると質が求められるようになります。そこでも勝ち抜けたインフルエンサーが長期にわたってポジションを確立することになります。

以上からわかるように、あるインフルエンサーをあなたが認知するようになったとき、すでにそこに再現性がない、という場合がほとんどなのです。

よって、後発で真似をしても成功することはできないのです。

運、タイミングで伸びた人のやり方を真似ても伸びない

また運や、タイミングがよかった結果伸びた人について、そのやり方を真似ても成功できません。運やタイミングに再現性がないのはもちろん、その場合、なぜ伸びたのか、こちらが判断するために必要な材料があまりに少ないということもあります。

弊社のアカウント、「ラク速レシピのゆかり」も実は運とタイミングがマッチした結果伸びることになりました。

一つには当時のTwitterで毎月おすすめに取り上げられたことが影響して、フォロワー数が増加しました。なぜ取り上げてもらえたかというと、その当時は私たちのようにBtoBで食の企画専門に働いていたプロが本気のコンテンツをSNS上で無償で公開するということがありませんでした。レシピと言えば「簡単に作れておいしい」が当たり前ですが、「なぜ作るか」ハッキリしたコンセプトのあるコンテンツはあまり流通していませんでした。簡

単で美味しいレシピの場合は、「これから自炊する人」にとって役立つものです。一方、ハッキリしたコンセプトのあるコンテンツは、あまり料理を作らない人にも「いつかやってみたい」と思わせることができ、見てくれた人はその情報を保存しますし、ウケます。

またプロとして大量の仕事をこなし、短期間でユニークな企画を作成できる足腰が強いチームで取り組んだので、始めてから立て続けに注目度の高い投稿を重ねることができ、結果として毎月フィーチャーしてもらえることになりました。

しかし……現在、X（旧Twitter）では、提携メディア以外の料理系の投稿を「おすすめ」として出さなくなってしまったので、いま述べたような「ラク速レシピのゆかり」を真似たとしても同じ結果にはいたりません。間違った努力を重ねることのないよう、ご注意ください。

ネットで見つかる無料の情報を真似すると失敗する

人は最初に見た情報を信じやすい傾向があります。仮に最初に得る情報がネットを漁って見つけた無料情報だったら……。その情報の真偽を確かめることなく信じ込んでしまうのは、非常に危険だと思います。

以前、企業アカウントを運営している人に、絵文字を使わないように注意したことがあります。聞くと、ネットの情報で投稿には絵文字を多用して目立たせるのがよい、と書いてあったそうです。しかし、これは悪目立ちをしてしまうので、おすすめしません。

それ以外にも、他の企業アカウントが「朝の投稿では、おはようございます、とフォロワーに挨拶をした方がよい」と投稿していたのを見たとのこと、愚直にそれを実行して、傍から見たら大いに滑《すべ》っているという状況になっていました。

ネットでは情報が簡単に手に入ります。しかし、誰が、なぜ、そう言っているのか、よく確認する必要があります。一歩立ち止まって考える。それができないのであれば、ネット上で情報を探すのは止めた方がよいでしょう。

インフルエンサー＝すごい人という錯覚は捨てよう

順調にアカウントが成長しフォロワー数が増えると、影響力がある人として声をかけられたり、企業から大切に接待されることがあります。これに気をよくして自分があたかもすごい人間＝インフルエンサーになったような気がしてしまうのですが、注意が必要です。

「実体がないものを得ることをモチベーションにしてはいけない」と話しました。「すごい人間」はどんな人間なのでしょう。茫漠とした状態であるなら、それは実体がないものです。持ち上げられた状態に胡坐《あぐら》をかいてしまうと、それに気がついた時にはもうそこから落ちる寸前となっているでしょう。

フォロワー数が増えたとしても、
「価値ある人間になれた」ということも
「人格者になれた」ということも意味しない。

投稿が重なり、試行錯誤を経て投稿に反応が出るようになればフォロワー数が増えます。これは当然の結果です。その結果が得られたことは、あなたが価値ある人間になれたということも、人格者になれたということも意味しません。

身もふたもない話になりますが、フォロワーが増えたということは、あなたという人間そのものには実態的な影響がほとんどないのです。

ですから、「インフルエンサーはすごい人だ」という感覚を捨てましょう。

逆にアカウントにフォロワー数が増えたら、よりいっそう慎重に行動し、発言に気を付けるようにしてください。軽い気持ちでやり取りしたちょっとした一言が「あのインフルエンサーがこんな発言をしていた」と晒《さら》されたり、軽率なリプライが炎上したりするようになります。フォロワー数が増えることで、言葉の影響力は強いものになります。くれぐれも注意し、より丁寧な発言が行えるようにしてください。

苦しい時こそパクらない

パクられてる側は気づく

コンテンツを毎日アップしていくのはプロでも大変な作業です。その作業をインプット量が少ない新規参入者が行おうと思うと、かならずどこかで息切れをしてしまいます。しかし、そんな苦しい時こそコンテンツをパクらないよう自制してください。

パクられた側は気づきます。試行錯誤して投稿している人間が見ると、自分がやったことのどこを少し変えて投稿しているか、すぐにわかるものです。

実際にあまりにも露骨にくり返し私の投稿をパクる「インフルエンサー」がいたので、法的な手段を取ったこともあります。

一度「パクる人間なのだ」と認識されてしまうと、そこからマイナスなブランディングが一生つきまとってしまいます。そこからどれだけ努力を重ね、投稿を磨き、魅力的なコンテンツを作成できるようになったとしても……「これ、オリジナルなの？　またパクってるんじゃないの？」と見られるようになってしまうのです。

人気になってもオリジナルを作る土台がないので辛くなる

また誰かのコンテンツをパクることで人気が出てしまうと、これはさらに悲惨なことになります。オリジナルにウケる投稿を作成する力がないのに人気になってしまった場合、誰かをパクらないとウケる投稿ができない状態になってしまうからです。

ＴＶに出ているお笑い芸人さんを例に考えてみましょう。

最近だと賞レースなどに勝つことが「売れる」きっかけになることが増えてきました。若手の芸人さんで、舞台経験は浅いけど、賞レースで一気に名が売れた場合、大変なこともあると聞きます。たとえば、トーク番組に呼ばれても、対応ができず空気のような存在になってしまう。ロケに出ても、紹介や食レポの経験がほとんどないので、まったく番組を構成できず（先に紹介した編集点のお話と真逆の状態で）、次第にＴＶでの扱いが難しくなり、呼ばれなくなってしまうことがあるそうです。

ですから、お笑い芸人としての下積みが長いことには一定の意味があると思います。売れてない間にしっかりと実力や経験、それから人脈を形成しておく。ある程度地道にまじめに活動を続けていれば、メインでなくともＴＶに出る機会はあるはずです。そのチャンスで積み上げてきたものを発揮する。もし仮に発揮できなかったとしても、それを糧としてさらに精進する。そうして花開いた芸人さんたちが表舞台で輝いているのです。

能力も経験も人脈が育っていないまま、運とチャンスに恵まれてＴＶに出られるようになると、自分は「すごい人間」なのだと思い込み、何をやってもよいのだ、という振る舞いをしてしまう方たちもいます。そうなると共演者やスタッフさんたちから「実力もないのに」

苦しい時こそパクらない

- パクると相手には気づかれる
- 一度パクる人間と思われると、その先努力を重ねても「またパクってるんじゃないの?」と見られる。
- オリジナル投稿を作る力が落ちて、バレることに怯える毎日に

パクって良いことは一つもないので……パクらないこと!

と陰で不満を抱かれ、それが続くと、ある日突然仕事が何もなくなってしまうということになるでしょう。

SNSのインフルエンサーも同じです。フォロワー数が増えて発信力が増すと当然仕事が増えます。この時、忙しくなっても、それまでにオリジナルで素晴らしいコンテンツを作成する力を磨き続けてきたのであれば、さらに活躍することができるでしょう。

しかし他の人をパクることで、「空虚な人気」を形成してきた人は、さらなるパクりを必要とするようになってしまいます。一度パクって成功体験を得てしまうと、パクりに依存することになってしまうのです。

そうなると本来のクリエイターとしての力が育たないどころか、いつも「バレたらどう

しょう」という気持ちに苛まれることになり、メンタルが崩れてしまいます。

パクって成功し続けるのは、常人には無理です。非難されても無理を押し通し、パクり切る鋼のメンタルがある人しか成功しません。しかし、そんな成功は私たちが求めるものではないのです。

正々堂々、投稿を積み重ねていきましょう。

儲けが出なくても落ち込まない

生み出すことにお金を使う

SNSでは作品を生み出すことにお金を使う必要があります。

企業やお客さまを相手に、サービスの提供と交換で対価を得ていた方にとっては、サービスを無償で提供するということに抵抗感を感じることもあるかもしれません。しかし、メディアを経由するサービスはそれ以外の事業とはキャッシュポイントがまったく異なる、と認識しておいていただければと思います。

「見てもらう」「聞いてもらう」「試してもらう」ためにコンテンツを作らなくてはなりません。これから新たにSNSを始めようとするのであれば、必要な経費や費用を確保し、最低でも二年は続けていけるよう準備しておくようにしてください。

SNSでは儲かりません

SNSにおける投資対効果は一～二年では測れませんが、三年続ければ必ず何かしらのマネタイズ法にたどり着けると思います。そもそも三年続けることで、「発信の地力」が身につくので、SNSそのもので儲けることができなくとも、SNSから皆さんご自身のビジネスの認知につながり、結果として収入を増やすことができると思います。

派手なYouTuberの裕福な振る舞いを見て、「よし、YouTuberになろう！」と安易に足を踏み入れるのは要注意です。

まずYouTubeはGoogle広告の表示数で収益が入る仕組みです。Googleはこれまで一人勝ちでしたが、Facebookが台頭し、また中国資本のTikTokもYouTubeのお株を奪う動画コンテンツとして急成長しています。

結果、隙間時間におけるYouTubeの取り分が減ればYouTuberが良質なコンテンツを作って得られた広告表示による収益も減ります。YouTubeの収益もどんどん渋くなっており、Googleは社員一万二〇〇〇人もの大規模リストラを敢行、放置チャンネルから広告権利を取り上げるなどのコストカットを積極的に行っています。

同じ労力を費やすのであれば報酬がよい方にクリエイターは当然動きます。よってYouTube離れは今後加速していくと思われます。もはや動画一強時代は終わっているのです。よって、これからお金を得るためにYouTuberになろうとするのであれば、まったくお勧めしません。

ちなみに……私もかつて一〇〇本ほど動画を上げていて、一年で約一〇〇万円程度の広告収益があるチャンネルを持っていましたが、放置していた結果一切収入の権利がなくなってしまいました。

本来有料であるべきものが無料で見られるのがSNSコンテンツ

では、どのような人がYouTubeに取り組んでいるのでしょうか。

賢い事業者は良質な動画をコンスタントに上げ続けることで、本業に関するコアなお客さまを獲得しています。

たとえば、英語スクールを経営している知人は、有料級のコンテンツをYouTube上に次々

ＳＮＳは儲からない。
先に無料で価値のあるものを
提供することが
その後の展開を生み出す。

上げて、無料で受講できるように設定しています。その結果、登録者が数十万人の規模となっています。

内容が「ビジネスに使う本気の英語」なので、そこに興味がない人は登録せず、登録者数だけを見るととうてい著名なインフルエンサーには勝てませんが、数十万人の登録者数と毎回数万回以上の再生回数を得られるのであれば、収益化しつつ実業への集客にもつなげることができるようになります。

ここで、重要なことは「本来有料であるほど質の良いものを完全に無料で公開している」という点です。お金をもらってやるのではなく、先に無料で提供することがその後の展開を生み出してくれるのです。

クリエイターがＳＮＳやるならマネタイズは忘れろ

通常、クリエイターであれば納品後に代金を請求します。または、費やした時間に応じて費用が支払われることが多いと思います。つまり、自分が行ったことが現金化されることを前提としてその仕事に従事することがほとんどです。

「何を当たり前の話をしているんだ？」と思われるかもしれません。

SNSはそれを制作してもすぐにお金になることはありません。いま手掛けている仕事はSNSと比較して現金化が見えている分、魅力的に感じられるに違いありません。

しかし、SNSは二年以上先に天国が待っています。これまでとはまったく違う世界が開けます。そこまでぐっとこらえて、納品よりもSNSへの投稿を重視しましょう！

私がかつて「二年間は赤字を垂れ流してもいいから、全力でSNSに注力する」と決めた時、毎月納品していた仕事を大きく減らしてしまいました。それに伴って収入も減ります。

通常、背水の陣を敷くときは、逃げ場をなくすことで自分を追い込むわけですが、この場合はそうではありませんでした。「収入を生まない時間を作るために仕事を減らしていた」わけです。つまり追い込んでも、結果が出ない日々が延々と続いていました。

私の場合は極端な例ですが、いずれにしても、あまり自分を追い込んでしまうと、長期間にわたる取り組みを行うにはストレスがかかりすぎてしまいます。よって、できるだけストレスを感じずにSNSの投稿と収入の確保を両立できるとよいと思います。

たとえば、これから歌手になりたい人は、アルバイトではなく正社員の仕事に就き、きちんとビジネスの経験とスキルを積み、足場を安定させた状態でSNSでの発信を続けるとよいと考えます。

歌手のトレーニングはオーバーワークもよくないものとされています。平日は仕事後にトレーニングし、よく寝て、休日にコンテンツ撮りや日常の家事や事務を行い、規則正しく健康に過ごすことが、実力も養成でき、ストレスの少ない日々になると思います。

SNSを続けるクリエイターにとって、メンタル管理＝気持ちの浮き沈みのない環境を手に入れることは、真に死活問題となります。

規則正しい生活で、十分な睡眠と必要な収入が得られる状態で、夢中になれることができたら、メンタルを乱すことなく、SNS運営が続けられるでしょう。

クライアントに納品すればいくらになる、という価値観をユーザーに求めてはいけない

あなたの決めた価値をSNSにおけるユーザーに求めてはいけません。あなたが一時間働くといくらになるか、本来あなたがデザインするといくらになるか、あなたを働かせるといくら費用が発生するかは、「あなたが決めたあなたの価値」なので、ユーザー（視聴者、利用者）にはまったく関係ないのです。

私の経験でも、突然DM（ダイレクトメール）で「いま料理をしていて、ここがわからな

いのだけど、一九時までに教えて欲しい！」という連絡が来ることもあります。DMを見てパッと時計を確認すると、あと一〇分しかない……など。それも一度や二度ではありません。

こういう連絡が来るということは、ある意味、ユーザーにとって有益なコンテンツを発信できているということでもあります。ある種の不躾《ぶしつけ》と思える連絡に対しても怒ったり、傷ついたりせず、淡々と「できることをできるかぎり行う」と割り切って対応することが、ストレスが少ないSNS運営につながると考えています。

徹底的にサービスするつもりで時間とお金をかける

徹底的に社会にサービスするつもりでSNSに時間とお金をかけましょう。それこそあなたが思いもかけたらかけただけのリターンが、あらゆる形で戻ってきます。それが戻ってくる前にSNSを止めてしまう人があまりにも多いので、続けている人への恩恵は特に大きなものになっているように感じます。

ユーザーが欲しいもの、嬉しいものを常に探すアンテナを立て、先回りして試行錯誤しながら投稿し、喜んでいただく。この形を続けていくとフォロワー数がじわじわ増えていきます。フォロワー数がわずかでも増えていくと――行列のできるラーメン屋さんを思い出してください――並んでいる人を見て列に並ぶ人がさらに増えるように、またフォロワー数が増えていきます。

そうしてあなたのSNSアカウントの価値は高まり、あなたがカメラマンであれば、「この人に撮影してもらいたい」と思う人から仕事の依頼が来るようになります。


toroaではどこかと企業コラボをしたいと考えたら、お問い合わせフォームを使い、真正面から問い合わせをするようにしています。スタート三年目の小さなブランドではありますが、コラボするメリットを感じていただけるという自信を持っているからです。

そしてそれを後押ししてくれているのがSNSへの投稿です。そこで培《つちか》い、積み上げた土台があるので、「この企業とコラボしたい」という理想を実現することができるようになったのです。

焦りは厳禁、SNSは「マラソン」と同じ

第2章に「SNSをやる目的」でも述べましたが、SNSはマラソンと同じです。

最初のゴールは三年間を楽しく完走すること。「日々必ずコンテンツを投稿する」という厳格なルール以外は、なるべく自分を甘やかして、継続することを途中の経過目標としてください。これもマラソン同様、走り始める前とゴールしてからは、まったく違う世界にいる

SNSはマラソンと同じ

最初の三年間、「日々必ずコンテンツを投稿する」ことだけを目標とする

と感じられるようになるはずです。

ペースを守ること、投稿はリズムを崩さないように。頑張りすぎると「こんな生活では毎日寝る時間もない! もうやめよう……」という、自身への言い訳を作ってしまうことになります。どうやれば楽に、楽しんで続けられるか、その工夫をこらすことがキーポイントになると思います。

散歩にいく、大好きなモノを買う、月一でホテルに泊まる、などエネルギーが高い状態で自分が過ごせることに時間とお金を投資するというのも有益な方法です。

歯を食いしばって、自己記録を塗り替えることを目標に走るのもマラソンです。この場合、走っている最中はきつい、辛いという思いが多いかもしれませんが、目標を達成したときの感慨はひとしおとなりま

す。

一方でマラソンは必ずしも苦しいものではありません。四二・一九五キロを仲間と楽しくおしゃべりしながら、景色を楽しんだり、休憩エリアで提供される補給食を味わったり、さまざまな体験をしながらゴールテープを切るのもマラソンです。

自分にあった形で走り切れるよう、一番無理のないスタイルを選んでみてください。

クレーム対応、虎の巻

SNSにトラブルは付き物

サービスを提供しているとSNS上でのトラブルは付き物となります。

BtoBのサービスをしていてSNS上で何らかの問題が投稿されることはありませんでしたが、toroaのように製造販売をしているとSNSがトラブルの窓口となることも多いのです。

しかしトラブルは恐れるべきものではなく、その後、どうやって改善・改良できるかを考える糧になるものです。またこちらにミスがあれば、SNSを使って直接報告や謝罪を伝えることもできます。

何か起こった際は炎上を恐れることなく、向き合いましょう。

また、炎上が拡散しないようにケアするためにも、企業であれば公式のアカウントが必要になると思います。

ここからは、自身の経験に基づいて、SNSで起こりうるトラブルのとらえ方、対応法についてお伝えしていきます。

対応は早ければ早いほどよい

SNSに限らずですが、問題への対応は早いほどよいのは間違いないでしょう。

サービスに関する問題を会社が知る前にユーザーによって指摘されてしまった場合、すぐに対応（SNS）担当者であるあなたに連絡が来るように設定しておいてください。

そしてあなたは問題を認知したら、速やかに責任者に連絡し、当日遅くても翌朝までに何らかの対応が行えるように体制を調整しておきましょう（小木曽健『炎上しても大丈夫！今日から使える企業のSNS危機管理マニュアル』［晶文社］にはこのあたりの話が詳細に説明されているので参考にしてみてください）。

toroaではユーザーや、インフルエンサーが投稿した画像を見て、こちらが意図してない形で商品が届いていることを確認したことがあります。チーズケーキがカット時に崩れてしまっていたのです。

そこで「綺麗にカットする方法」を手紙として商品に同封することを試みました。一時的にそのことで改善されましたが、toroaが成長するとともに受注が増えていくと、同じ問題が発生してしまいました。そうなってはもはや手紙に頼ることはできないので、製法そのものを改良できないかと考え、徹底的に調べて試作を重ねたことで製品の安定性が抜群に上がったのです。

写真を上げてくれたお客さまは「問題」としてSNS上に報告したのではなく、ただtoroaが届きました！という喜びをコメントしてくれていただけでした。それを発見し「問題」として社内に報告したのは弊社の広報担当だったのです。

SNS上への投稿により、お客さまが実際にどのように商品を使っているか（食べているか）を知ることがなければ、問題の発見はかないませんでした。また問題が発覚してからすぐに対応をし、改善に生かすことができたのもSNSのおかげでした。

トラブルはそれをどうとらえるかによって、さらに大きなトラブルを呼び込んでしまうこ

SNSでユーザーから
報告される「問題」はこちらが
気づいていない「不備」を洗い出す
よい機会である。

ともあれば、会社や担当者を成長させることもできるものだと考えています。

損をして得をとる考え方

かつて、「配送に問題があり、届いた時にはぐちゃぐちゃになっていた」という投稿がSNSに上げられたことがありました。

急ぎ原因を究明したところ、宅配業者が冷凍便ではなく冷蔵便で保管していたり、冷凍便を長時間放置していて、結露の汗をかいた宅配袋を積み重ねていたので、袋が破けてしまっていたのです。そこで止まっていればまだよかったのですが、なんと配送員が破けてケーキが袋から顔を出しているのにもかかわらず、そのままお客さまに手渡ししてしまったのです。

ECの事業を行っている方はよく理解いただけると思うのですが、宅配業者による過失賠償は月間でみても驚くほど多いのです。もちろんその場合の賠償は宅配業者が担当するので、お客さまにも事業者にも損失はないのですが……。

問題は金銭面ではありません。再注文していただくことで、予定していたより到着が遅れ、その間待たなくてはならない。再度受け取る時間を調整し、家にいなくてはならない。せっかく楽しみに待っていたのに、なかなか食べられない。

宅配業者の方々のおかげで事業が成り立っているのは当然で、多くの業者の方には深く感謝をしています。また多くの配達を行う中でミスが出ることも当然ありうるということも理解しています。

しかし、お客さまにとっては「楽しみにしていたケーキがぐちゃぐちゃになって届いた」という消せない事実が残ってしまうのです。

もし、それがそのお客さまが初めてする注文だとしたら、toroaへの注文はそれが最初で最後になってしまう可能性もあります。ですが、そのことよりも、お客さまに残念な思いを抱かせてしまったことが何よりも深刻な出来事であると受け取りました。

このような場合、どうしたらよいのでしょうか？

SNS上における投稿だったので、公式アカウントですぐにリプライを行い、重ねてDMを送りました。なぜリプライをしたかというと、そのままDMだけで連絡を取り合うと、最初の投稿だけを見ている人は「あれ、公式は何も対応していないの？」「公式なにやってるの？」「発送がいい加減な会社は対応もちゃんとしてないな」等々あらぬ推測を呼び、問題が拡散してしまうからです。よって、リプライという形で公に「誠に申し訳ございませんでした。急ぎ対応させていただきます」という姿勢を見せることが大切です。

公式アカウントからリプライでお詫びを伝え、それから原因究明のためにDMを送ることを許可いただく。それからDMで連絡をし、改めてお詫びをして、さらに電話番号をうかがって直接お詫びをするというのが基本になると思います。

届いてしまったケーキについては、問題がなければ召し上がっていただき、問題に関してこちらの過失ではなかった場合は、新しい商品にお気持ちの品を添えて送付する。もしこちらの過失だった場合は、別の種類のケーキも添えてお届けする、というようにしています。宅配業者が弁償するのは代替のケーキのみで、お気持ちの品も別種のケーキも弊社が負担するものです。

そこまでして過失に対して手厚くフォローするのはなぜか、というと、ひとえに気持ちの問題です。理由はどうあれ、お客さまをお待たせしてしまい、残念な気持ちを抱かせてしまったことに対する誠意です。場合によってはお客さまが気にされることもあるので、言明しませんが、SNSを通して報告をしてくれたことへのお礼の意味も含んでいます。報告がなく、事実を知ることがなければ、改善も対応もできないからです。

そして、その後、社内では「いったい、どうすれば防げただろうか」について皆で考えます。宅配業者がより間違えにくいようなデザインを段ボールに施す改善をし、また段ボール箱を開けた時に見える場所に「起こりうる問題」を列挙し、「こんな時はここに連絡してください」と連絡先を付したガイドを印刷することにしました。

クレーム対応、虎の巻

SNS上の投稿の場合

1 公式アカウントからリプライを送り、DMも送る
公式が対応していることを知らせる

2 DMにて電話番号等個人情報を確認し、直接お詫びする

3 ケーキについては問題がなければ召し上がっていただき

- こちらの過失ではない場合
  新しい商品+お気持ちの品

- こちらの過失である場合
  新しい商品+別の種類のケーキ+お気持ちの品

を添えて送る。

4 社内で「どうすればトラブルが防げたか」を討議

このように、ＳＮＳで報告される問題というのは、「こちらが気づいていない不備」を明らかにしてくれる機会となります。肯定的にとらえ、サービスの改善に取り入れることで、くり返し問題が起きることを防ぎ、サービス全体の質を高めてくれるチャンスとなるのです。

売り上げも評判も落ちるＳＮＳのやり方

そうはいっても怖いのは炎上です。

炎上は受け取る相手の気持ちを蔑ろにすることで起きます。受け取る相手、といってもあなたが行った投稿を受け取る場合に限りません。

たとえば、他のお客さまやまったく関係ない第三者があなたのブランドに対して攻撃をしたり、疑問を呈したり、問題を提起したり、あるいはこのような扱いを受けたと告発したり、悪い意味でネタにするような投稿がなされ、それが拡散していくとします。

そしてその拡散を受け取った第三者が「自分の気持ちが蔑ろにされた」と感じた場合、その気持ちは元の投稿者に対してではなく、あなたのブランドに対して向けられることになります。

また、オフラインの対応においても、お客さまが蔑ろにされたと感じたら、「あそこは電話の対応が悪い」「問い合わせに対してきちんと向き合わない」「話を理解してもらえない」など、SNSを通じてオンラインで拡散されることになります。よって、かつてより顧客対応については、極めて慎重さを要する事項と変化していると理解してください。

ハウツーを紹介するコンテンツは基本的に炎上のリスクが低いのですが、たとえば、レシピ紹介において「このレシピで作ると食中毒になる危険性があるかも」などの「危険性」が提起されると炎上につながることもあります。

ユッケなどの生肉というリスクの高い食材を扱うときや、最近増えてきているキャンプ飯などの野外調理に関するレシピを投稿する際は、専門家の客観的な監修を受けてから投稿しましょう。手間に思うかもしれませんが、そうすることにより、結果的に投稿された内容への安心感と、きちんと監修を立てているあなたへの信頼感がユーザーに芽生えるので、損はありません。

医学分野、健康法分野のハウツー投稿についても、ご自身が専門家でない場合は、なるべく専門家を立てた方がよいでしょう。

もし、万一、SNS担当者（運営者）が間違った対応をしてしまったときは、責任のある、然るべき人間が誠意を持って謝罪をすること。まずは相手にしっかりと書面で謝罪し、SN

Sや自社サイトでも問題と経緯を説明し、謝罪します。この場合も、素早く、正直に、的確に謝罪をすることが重要となります。

責任者の誠意ある経緯説明が関係者とブランドを守る

しかし、専門家を立てていても、専門家がミスを犯してしまうというケースもあります。

たとえば大学以上の教育機関では、プロフェッショナルに講師を依頼しますが、そうして招かれた講師が「問題発言」と受け取られる発言をしてしまうことがあります。

実際にある大学で行われた講義で、招かれた上場企業の経営陣の一人から、差別と反社会的発言が入り混じった主張が飛び出し、炎上した事件がありました。

その時、大学側は講師の問題発言を受けて謝罪し、その講師を授業から降ろしたのです。無難な対応ではありましたが、いくつか問題があると考えています。

一つには、講師を外しただけだと、外部の人間に責任を取らせたように見えてしまうこと。なぜそう見えてしまうか、というと、謝罪と当該の人物を辞めさせただけでは、「何が起こったのか」がまったく見えず、経緯の説明が不十分だからです。

講師がどんな背景でその発言をしたのか、正当化することなく、極めて誠実に詳細を明瞭に公示することで、大学側が講師を罷免したことについて「誤解の余地がない」ということを理解してもらう機会を逸していました。

また、講義を提供したのは大学であることから、大学として全面的に非を認め、講師それから講師の所属する企業を守る謝罪をしていたら、単なる切り捨てを行ったとは思われなかったと思います。


問題発覚後、速やかに学長・理事長が前に出て、大学側の不備を認めて説明し、講義中の発言倫理のレギュレーションがなかったことをお詫びし、一度持ち帰ります。それから、当該講師がこの学校を去る理由として「問題発言をしたこと」をメインにせず、発言を防げなかった大学の過ちを謝罪したうえで、「このまま講師を続けていただくのは参加者の方の心情を考えると難しいものと判断します。主催の立場で大変申し訳ございませんが、代わりの担当講師をこちらの講義につけることとなりました――」と報告し、併せて、管理責任のある理事長および理事は三カ月の減給処分となりました、と伝える。

ここまで責任を誠実に引き受けられれば、これ以上ない謝罪になったと思います。

社会的な倫理の基盤が整っていない中では未然に防ぐことは難しいけれど、事後の対応は一〇〇点だった、と多くの人が傷つかずに納得し、騒動も収束することになったのではないでしょうか。

謝罪は非常に奥が深いもので、謝罪を見るとその人の責任能力と人生が、わかる人にはわかるものです。そのわかる人が誠意ある謝罪を認めてくれるようになると煽り役が空気を察知して減っていき、徐々に火は消えていくことになります。

組織の過ちか、一個人の過ちか

長年、組織運営を経験してきて感じているのは、「的確な謝罪ができる人」がほとんどいない、ということです。的確な謝罪ができるだけで、組織においては貴重な存在になる、ということでもあります。

的確な謝罪とは、先に記したように、説明責任を果たし、詳細かつ正確に、共有可能なものとして問題を浮かび上がらせた上で謝罪をする、ということです。

的確な謝罪が行われた状態を言い換えるとすると、写真で言えば単焦点レンズのフォーカスがピタッと合っている状態そのものと言えるでしょう。解像度が高く、その場に立ち会っていない人でも正確に何が起こったのか、これからどうするのか、という重要な情報が把握できる謝罪です。

一方で多いのは、ぼんやりと謝ってしまう人です。これは「謝る」ということにフォーカスをしすぎているからかもしれません。

その過ちが組織としてのものなのか、個人としてのものなのか、謝罪に関わる場合はその当事者性を明確にすることから始める必要があると思います。

ブランドの過ちと個人の過ちを切り分ける

ぼんやりと謝ってしまう人は「組織の過ち」として謝罪を完了してしまいます。実は、これはブランドにとって最も避けたいケースなのです。

たとえば、担当者がメールの宛名を間違えただけなのに、それを会社として謝罪するとしたら、あなたが間違えられた当事者だとしたらどう感じるでしょう。端的に「いやいや、会社が悪いのではなく、間違えたあなたが謝罪すべきでしょう」と思うに違いありません。

この場合、あなたは当事者なので、「担当者がミスしたのに、なぜかそれを会社として謝罪している」という全貌を知っているから、そのような突っ込みを入れられます。

しかしECサイトの商品ページに記載間違いがあったことで、お客さまに間違った情報が伝わった。その結果お客さまからキャンセルの申し出があり、担当者自身が書いたメッセージにもかかわらず、会社として謝罪してしまった、というケースではどうでしょうか。

この場合も個人の過ちと組織の過ちを切り分けて謝罪すべきだと思います。ここで会社から謝罪してしまうことで、ブランドとしての価値が下がってしまいます。あくまでブランドは組織の皆で作り上げてもらうものです。自身の過ちの隠《かく》れ蓑《みの》にすべきではありません。

toroaにおいてもSNS上で謝罪をする場合、上記のようなケースでは「担当の私が謝った記述をしてしまった」と明確に記すように各担当者に指導しています。もちろん担当者の過ちは翻って組織の過ちです。しかし、それでもお客さまには的確な情報を伝えるべきだと考えています。それが、お客さまへの誠意だからです。

事業を行う上でどうやってもトラブルは避けて通れません。オフィシャルに謝罪をする機会も多いSNSのブランド責任者として、ぜひ一〇〇点の謝罪ができるように努力を続けていきましょう。

第4章

「伝える」ために必要な3つの「力」

SNSを成功させるのに必要なのは、「長期的な視点を持つこと」、「バズれるまで継続すること」、「有益なコンテンツを出し続けること」です。

ここまで読んでいただいた方は、インスタントな成功を求めて安易にパクることのリスク、SNSでの炎上リスクへの対応の仕方について、しっかり学んでいただいていることでしょう。

――そうは言っても。

「有益なコンテンツを出しましょう」と言われて、それができるのであれば、三年以上継続している企業アカウントは等しく成功していてもおかしくないはずです。

しかし現状はそうなっていません。その理由は「能力を磨き上げる日々の鍛錬」に取り組んでいないからです。何やら体育会系のような雰囲気になってきましたが、そうではありません。正しい努力を重ねることが成功への近道です。

ぜひ取り組んでみてください。

1 企画力

企画力をつける

企画力はSNSを成長させる上で最も重要な能力の一つです。企画力は一般の企業で長く勤めているだけでは育ちません。美大に行ったからといって育つものでもないし、企画を立てることが日々の仕事である広告代理店や制作会社で働いても勝手に育つことはありません。

なぜなら企画力を育てるのは日々の「姿勢」だからです。

つまり、日常をどう過ごしているか、が企画力に直結しているのです。詳細は後で説明しますので、まずは話を先に進めましょう。

ここでいう「企画」とは「ユーザー・お客さまが喜ぶプロモーション活動」のことを指します。どうしたらお客さまが喜んでくれるか、フォロワーが喜んでくれるか、を考えて行われるプロモーション活動が企画です。

企画意図は第三者視点で「なぜやるか」ではなく、「なぜ喜ばれるか」

通常、企画書のテンプレートには「企画意図」を書く欄があると思います。企画書は組織をボトムアップで回覧されていくものなので、現場の状況やそこで考えられたこと、話し合われたことを知らない決裁権のある管理職や役員にも、「なぜそれをやるか」を明確に説明する必要がある、というのがその理由です。

また組織でなく個人で企画を考えるときも、企画意図は重要なものです。自分がわかっていればよいことなので、必ずしもテキストに書き出す必要はありませんが、明確な柱として持っていてほしいと思います。

しかし、実は「なぜやるか」「いまやるべきなのか」を問いとして立ててしまうと弊害が出てしまうのです。それは、それらの主語が自分、あるいは自社になってしまう傾向が強くなるからです。予算を通すため、承認してもらうため、人員を割いてもらうため、「なぜやるか」を考えると企画自体が自己満足なものに仕上がっていきます。

そうではなく、「お客さまがどう喜ぶか」「なぜこれでお客さまが喜ぶのか」というように、まず主語を「お客さま」あるいは「フォロワー」に設定しましょう。それにより自己充足的な浅い企画になることは回避できます。

たとえば、あなたがお団子屋さんのブランドと仮定して、「バレンタイン企画」を考えるのであれば、どうしたらよいでしょうか？

「バレンタインの推定市場規模は一一七五億円に成長しています！　これはぜひ弊社でもバレンタインにお団子をプレゼントというキャンペーンをやるべきです！　キャンペーンによってお団子を買う男性が増えます！」

と企画し予算を獲得できたとしても、この状態では企画が失敗につながっていると言わざるを得ません。バレンタインが商機であり、自社にもそこに乗る余地があることはわかります。しかし、主語が自社でしかないので、その先の展開を思いつけないで進めた場合、頓挫してしまうでしょう。

一方、自社ではなく、お客さまを主語として念頭において企画を考えると次のようになると思います。

「昨今では餅のように伸びるシズルと、ハチミツのように濃度の高いクリームがトロッと溢れるようなビジュアルのスイーツがトレンドで、SNS上でもユーザーに喜ばれています。具体的にはこちらのA社の商品Xと、B社の商品Yがヒットしており、他にも各社が次々に参入している状況です。またそれに伴って情報と商品を求めるメディアやユーザーがさらに増加しています。

そこでもっとモチっと&トロッとニーズに振り切ったスイーツがあれば、団子を買おうという目的客よりも大きな母数に響きます。団子好きの人に加えて、①モチっと好き、②トロッと好き、③チョコ好きな人に**喜ばれます**。バレンタインデーシーズンというのは、ある程度価格を高くしても受け入れられる時期ですが、原料に徹底的にこだわりながらも、価格を○○円以内に設定しまして、わかる人にはわかるお得感を演出できたら、**安くはないけど、コスパがとても良い商品だと喜んでもらえる**のではないでしょうか」


いかがでしょうか？

前者の企画が浅いのは一目瞭然ですね。表面的な情報から形成されており、お客さまにどうやって喜んでもらうか、その具体的なアイディアが詰まっていません。これでは、送り出す商品がどれほど美味しかったとしても失敗してしまうと思います。

しかし……実際に行われている「企画」にはこのバージョンのものが多い、というのが実情なのです。

一方、後者の企画意図には、どうすればお客さまが喜ぶと考えるか、その根拠と具体案が明確にあるので、上層部にとっても判断がしやすいものになっています。

前者の状態で企画を出された場合、私が決裁者であったら、いろいろ質問しなくてはなら

企画は「なぜ喜ばれるか」で考える

ず、GOサインを出すのはなかなか難しいでしょう。

アイディアが見つからない原因

厳しい言い方になるかもしれませんが、いまの自分に足りないものを感じ、必要な力を身につけるためなので、少し我慢して聞いていただければと思います。

まず、「企画力が不足している人」というのは「アイディアを出す能力が欠けている人」だと言えます。そして「アイディアを出す能力」が低いのは、「インプットの総量」と「姿勢」に問題があります。

もしかすると、「そうは言っても、素晴らしいアイディアを出せる人はセンスがあって、それは生まれつきのものだから、普通の人には難しいに決まっているだろう」と考え、諦めている方も多いのかもしれません。

そんなことはありません！　日常を変えることで、誰でも素晴らしいアイディアを生みだすことができるようになります。

そのために必要なのが正しい努力と習慣です。

インプット総量は、新しいことにチャレンジした経験と情報、そこで得られた新しい価値観から形成されます。

あなたは日常的にインプットに飢えていますか？

新しい情報と体験を常に探して、いつもとは異なった判断や行動を取っていますか？

新しい経験を経た際に「なぜ？」という問いを投げかけていますか？

そうして得られたインプットを生かすために、それらを使って何かできないかと考え続けていますか？

インプット量を増やすための習慣

インプット量を増やすためにできる行動は膨大にあります。

たとえば……会社帰りに家と真逆の方向にある話題のスポットに行ってみる。食いしん坊が夢中になっているお店があったら、これまでの嗜好とは違っていてもそこで何かを注文し

アイディアが出ないのは
「センスがない」からではない。
決定的にインプットとアウトプットの
量が足りていないのだ。
つまり、アイディアが出ないなら、
努力と習慣を変える必要がある。

てみる。安くて高品質と話題の韓国コスメを求めて新大久保で買い物をしてみる。食べログで高評価のお店と低評価のお店を食べ比べてみる。そして違いは味にあるのか、あるいはそれが何なのか、考えてみる。行列を見かけたらとにかく並んでみる。並んでいる人たちはどのくらいの時間並んでいるのか、そしてその結果得られるものが何なのか、検証してみる。

ほんのちょっと行動を変えるだけで新しい情報と体験が得られ、新しい価値観に触れることができます。

また、たとえば年々平均価格が高くなっているバレンタインのチョコやクリスマスのケーキといった贅沢スイーツを予約して買ってみましょう。私は新しいクリスマスケーキを手掛けたかったので人気メンズアイドルグループが広告キャラクターをしていた大手コンビニのクリスマスケーキを四ホールほど予約して、購入してみました。結果、翌年に別のコンビニでクリスマスケーキを発売できることになりました。

あるいは、ファストフード店でどんどん導入されているモバイルオーダーを利用してみたり、まったく仕事とは関係ない友人と遊んで彼らの趣味を聞いたり（私はアニメが趣味の友だちが語るディープな話を聞きました）、子どもに人気の携帯ゲームを購入してオンラインゲームをするのも良いでしょう。

あらゆる局面で「消費」が動いていて、そこには「アイディア」と「想像・創造」があることがわかるはずです。

実際、普通の日常生活の中に「何らかの招待」（＝アテンション）がちりばめられています。コンビニに入って流れている曲が耳に入り、あれ、これはこの前に行ったドラッグストアでも流れていたな、初めて聞くタイプの音楽だな、と思ったら、それが「招待」です。すぐにサブスクの音楽アプリで探して（まだサブスクの音楽アプリを登録していなかったら、すぐに登録してください）、ダウンロードしてきちんと聞いてみてください。

というのも、音楽は特に嗜好性が一致するファン集団から形成され、ライブやグッズなどの熱狂的な消費によって成り立っています。いま何が流行しているのか、これから何を流行させようとしているのかを感じ取ることは、とても重要なことなのです。

どこかで耳にした、気になる曲について、曲やアーティストの名前がわからなくても、歌詞の一部を検索したり、曲を聞かせれば曲名とアーティスト名を探してくれるスマホのアプリがありますので、そうしたものもぜひ活用してみてください。

街に出たら、よく観て、よく聴く習慣をつけましょう。

姿勢

先ほどより「姿勢」と言っていますが、詳しい解説をしておりませんでした。

インプット量と姿勢はどちらも極めて重要です。インプット量が多いだけで優秀な企画ができるわけではありません。インプット量が多い＝「多趣味な人」に企画力があるわけではない、というのはご理解いただけると思います。しかし、インプット量が多くなければ企画の展開が難しくなるので、インプット量が多いことは企画力のある人間になるための必須条件です。

姿勢とはインプットを受け取る「器」です。

器が小さいと多量のインプットを受け取っても、それを活用できる形に転用することができません。必要なのは、インプットを何らかの形に活用しようとする「姿勢」なのです。仕事に生かそうとする貪欲な意思でもあります。この姿勢を持って初めて、些細なことにも気がつく（あるいは気になる）洞察力と観察眼と分析機能と言語化のスイッチが働くようになります。

今日から、いや今から脳の持つ機能（五感＋α）を全開にして日々を過ごしてください。人が持つ時間は有限で不平等です。人は自分がいつ亡くなるかわかりません。いまこの時始めて早すぎるということはないのです。

企画力に差がつくのはそうした姿勢なのです。あるいは覚悟と言い換えてもよいかもしれません。「自分が持っているインプットの中に何か答えがある」と信じること、そして「何が何でも仕事につなげる」という気持ちです。

たとえば男性であれば、いままで手にしたこともない非常に高価なジャケットを買ってみる。そしてその行動で得た気づき（なお、五感＋αを開放していないと気づきは得られません）をどんな形であれ、仕事につなげてみてください。

お金や時間を使わずにマーケティングの学びに真に迫ることはできませんし、それらなしにマーケティングの感性をつかめる人はいないのです。ぜひ買い物を楽しみながら、それが体験を分析し言語化できる機会であることを忘れないでください。

これだけは書籍を読んで得られるものではありませんし、本書を読むことではそうした感性が身につくことはありません。あくまで体験あるのみです。

使えるお金と時間のすべてを費やすことで、圧倒的なリターンが得られるに違いないでしょう。

アイディアの自己否定を止める

まとまった企画を考え出せないと思い込んでいる人は、「浮かんでいるアイディアを選択肢化」するとよいかもしれません。これは企画化のための一つの階梯《かいてい》になります。

企画化というと、何もないところから全体像をポンっと生み出すようなイメージを持っている人も多いかもしれませんが、ほとんどの場合はそのようなことは起こりません。

すでに持っているコンパクトなアイディアを選び出し、状況に応じて改変し、あるいは一つのアイディアからの連想で新しいアイディアを引っ張り出し、それらを合成し、余計なところは削り、昇華させて、最終的な選択を行います。

これがアイディアから企画にいたる道の典型的な例ですが、必要なのは大きな完成図を描くことではなく、小さなアイディアを重ねることです。テーマに対する小さな、ほんのちょっとしたアイディアであれば、いくつか思い浮かべることができるでしょうか？

もしかすると、「それも難しい……」とおっしゃる方がいらっしゃるかもしれません。しかし、本当にアイディアがまったく浮かびませんか？　ゼロですか？　そんなことはないと思います。きちんとインプットを形成している方であれば、何かお題が出されたら、それに対していくつか必ずアイディアが浮かぶはずです（もし浮かばないようでしたら圧倒的にインプットが足りない状態だと思うので、そこに立ち戻ってインプットを補充する期間を確保しましょう）。

何もアイディアが出ないという問題の本質は、「**自らが、思考の内側でアイディアを否定してしまっている**」というところにあると私は考えています。アウトプットの発露として、アイディアを表明する前に、「いやこんなくだらないことは実現しない」「提案すると笑われる」「この程度のこと、言っても言わなくても同じだ」、そのような自己否定の言葉があなた自身を邪魔しているのではないでしょうか。

それらに妨害された結果「あーあ、今日もまた、何もアイディアが浮かばなかった」と自分を納得させてしまっている。しかし、アイディアが浮かばないわけではなく、正しくは、「アイディアはあるけれども、それを表出していない／表出できない」状態に陥っている、それが問題なのです。

どんなものであれ、一度何らかの形でアイディアを外に出しましょう。自分の中にあるアイディアを外在化しないと、それらを加工する能力が育ちません。

ダメな企画ですら作ることができないならば、本当に良い企画をどうやって作ることができるでしょうか？　たとえダメな企画だったとしても、それを企画化することは得難い経験となります。

実は成功だけを体験している人より、数多くの失敗を経験している人の方が、責任者に向いているのです。それは「何をどうやると失敗にいたるのか」に関する経験値が非常に高いからです。未然に失敗を防ぐと同時に、良い企画へどうしたら調整できるかも理解している。これほど強い人はいません。

ですから、失敗を恐れず、**どんなアイディアであっても（たとえそれが自分ではダメだと思っても）とにかく書き出して**みてください。外側に出しさえすれば、そのアイディアから別のアイディアへと移ったり、そのアイディアと他のアイディアを組み合わせたり、要するに取り扱いが可能な状態となります。頭の中に浮かんでは消え、浮かんでは消えという状態ではアイディアに触れることができません。

なお、アイディアを書き出すことができる状態になってから、人に話したり相談しましょう。先に人に相談してしまうと、場合によっては強く否定され、せっかくアイディアをアウトプットできる状態になりつつあるのに、また自己否定（この場合は他者による否定が原因で）のモードに戻ってしまう恐れがあります。よって、まずは自分だけでひたすらアイディアを出すということを繰り返しましょう。

アイディアを相談する

アイディアは思いつく限り書き出しましょう。その中から選択します。選択において迷ったら、信頼できる上司や同僚に自分が考えるそれぞれの選択肢について説明し、アドバイスをもらいましょう。

異なる視点でアイディアに触れてもらうことで、選択そのものが悪いのか、別の選択肢の可能性があるのか、決定的なアイディアに欠けているのか、それともさらにブラッシュアップして練りこむとよいものになるのか、等々を判断してもらいます。

そのように他者の目により、アイディアや企画は成長できます。が、もし自分が社長だったり、個人事業主の場合、「上司」に該当する人物がおらず、会社内（事業所内）で適切に

アイディアの自己否定を止める

アイディアを評価することができない、ということになってしまいます。

そうした場合でも問題はありません。個人のSNSでアイディアを提案してみてください。ユーザーからの客観的な反応が瞬時にフィードバックされます。数字で評価されるので、ある程度明確な基準が見えてくると思います。

たとえば弊社では、一時間で一〇〇〇いいねまで伸びると、そのアイディアはバズると判断しています。実際、最終的に一万いいねを超えることが多いのです。

SNSはアイディアを磨く場としてとても有効です。

この段階になったら、他者からの評価を恐れず（ダメならまた新しいアイディアを考えればよいのです。まだアイディア段階なのですから）、ＰＶ数といいね数でガンガン評価してもらい、企画力を磨いてください。

自分ではない誰かになりきる

巧みに自在にアイディアを出せる人は「自分ではない誰かになりきる」という引き出しをたくさん持っています。

というのも、自身の経験したことの範囲内だけで何かをやろうとしても、限界があります。よってそのような時には、自分ではない誰かになりきってアイディアを出すのも一つの方法です。

矢沢永吉さんが、いつも「矢沢は……」と言うのは、「矢沢」というキャラクターの男だったら、この場合なんて考えるか、なんて言うかを常に意識しているからだと聞いたことがあります。同様にあなたが尊敬する人やアイディアマンだったらどんなアイディアを出すでしょうか。彼らならこのような困難に直面したときにどのように考え、行動するでしょうか。アイディアを出すためにどのようなルーティンを重ねているでしょうか。また、彼らならどんな質問をして、何を調べるでしょうか。

このように自分が想像上のアイディアマンになりきることで、考えてもみなかった、自分の経験範囲を超えた発想を生み出すことが可能になるのです。

自分じゃない視点で感じてみる

もう一つ、誰かになりきるに似た手法で、ユーザーになりきってみる、というものもあります。

仕事の上では自分の価値観とは違うお客さまやユーザーとコミュニケーションをとることも多いでしょう。自分はエンドユーザーと接することがない、バックオフィス系の仕事に従事しているという場合、自分を評価する上司をお客さまとして扱うこともできると思うので、置き換えて考えてみてください。

ビジネスは経済活動なので、価値を取り引きします。価値は人によって異なり、取引先つまり「お客さまの価値観をトレース」することができれば、お客さまにとって嬉しいサービスを提供することにつながります。「お客さまの嬉しい」があなたのビジネスの発展につながっているのです。

とはいえ、なかなかお客さまをトレースするのは難しいことです。特にお客さまとの距離が離れているビジネスほど、どのような人がどのような背景でこのビジネスを利用しているのかプロファイリングするのが困難になります。

よって、私がお勧めしたいのは、**「さまざまな人の視点を感じてみる」**という方法です。

最初はお客さまに、年齢、環境、性別、その他のカテゴリーが近い人がよいと思います。そこから範囲を広げていきましょう。この方法が有用なのは、自身で事業を行っている人にとっては、「この人だけがお客さまです」と特定されることはまずありえず、提供するサービスや商品によって、「お客さま」がいろいろと入れ替わることがほとんどだからです。さまざまな人の視点を感じてみることで、提供するサービスや商品をどのように届けたらよいのかが見えてくるようになるはずです。

たとえばtoroaに法人のお客さまが一度に大量の注文をしてくださることがあります。パチンコの景品として、保険代理店の顧客へのお届け、デザイン事務所から取引先へのお中元として、などなど用途は多岐にわたります。

デザイン事務所から送るお中元であれば、お届け先の顧客は法人になるでしょう。デザイン事務所からの贈り物には、センスとデザイン性が期待されます。届けられた品が素敵なものだったら、顧客も「さすが、デザイン事務所は一味違うね」と唸るでしょう。

よって、私たちに期待されることは、グラフィックデザインが良いことはもちろん、商品のコンセプトが厳選され、またそこに添えられる言葉や心遣いが洗練されている状態となります。

保険代理店でしたら、そのお客さまは個人となります。もちろん法人の取引先も数多くあるでしょうが、保険に関してはセールスパーソンと顧客が一対一の関係性を構築し、成り立つものだと思います。よって、顧客が社長という場合も多いでしょう。

保険は基本的に他社とほぼ機能面で差別化を図ることができない商品で戦っており、商圏内では同僚すら競合相手となる可能性もあります。よって、何と契約するかよりも誰と契約するかという判断になり、契約する相手がどんな人で、その人と自分が関係を保ちたいか、という部分の比重がとても大きくなります。

仕事のできる保険のセールスパーソンは公私ともに豊かなパートナーシップを築くことができる方が多いと思います。そして気の利いた気配り上手な人が顧客とのパートナーシップを強く形成することができるはずです。

そうした前提で送られるギフトには「相手に喜んでほしい」「このギフトをあなたが好きだと思って選んでいます」「ぜひ美味しく食べてほしい」というメッセージが込められたものになります。

保険のセールスパーソンに選んでもらった私たちの商品に、彼らの送るメッセージを後押しできるポイントがあるとすると、「二〇二二年お取り寄せ大賞を受賞したスイーツ」という肩書きがその一つかもしれません。ギフトを受け取るお客さまに対して、なぜこの商品を選んだのか、が明確に伝わるキャッチになるものです。

このようなケースにおけるギフトの正解は、実は家庭にあります（よって先に「公私ともに豊かなパートナーシップ」とあえて「私」を入れました）。結婚され、世帯を持っている男性でしたら、奥さまあるいは娘さんに贈ってみて喜ぶかどうかを確かめてみてください。彼女たちが喜ぶようでしたら、その贈り物は大正解です。

それは、その贈り物をお客さまに贈ったとき、お客さまの家族が間違いなく喜んでくれるからです。あなたが自分の家族が喜んでくれると嬉しいように、お客さまも家族を喜ばせることができると、とても嬉しいはず。そして、そのような気遣いをしてくれた方への信頼感は当然増すことになります。

このように**お客さま一人ひとりの「嬉しい」の価値観は異なります**。それらの視点に立つことが重要だということが理解いただけたでしょうか。

そしてさまざまな人の価値観を感じるために一番の近道は「いろいろな人と交流し、遊ぶこと」です。その中で、彼らは何をどう感じているか意識して接してみるとよいでしょう。

しかし、無作為に多くの人が集まる飲み会に参加してもあまり効果的ではありません。その場合は基本的に大多数の人が参加できる話題が中心となったり、共通の会話が見つかったところで少し盛り上がることはあるでしょうが、相手がどのようなことを考えているかを把

お客さま一人ひとりの
「嬉しい」の価値観は異なる。

握できる機会は少ないと思います。

それは当然で、こちらが開示することがなければ、相手も深いところまで価値観を開示してくれることはありません。相手の価値観を把握したいのであれば、それが可能な人数、時間、場所を設定して、遊ぶようにするとよいでしょう。思いもよらぬ価値観を知ることができる可能性があります。

当然、自分とは別の人がどのように生活しているかを知ることは、企画やマーケティングを行う上で非常に重要なインプットになるのです。

インプットとして得られた価値観をどのように企画に取り込むか

企画力をブラッシュアップする局面においても、あなたのビジネスのユーザーとなる人に近い人の価値観を聞くことができるとよいと思います。

またコアなターゲットが男性になるのか、女性になるのかはあらかじめ定めておくとより効果が高くなります。

というのも、たとえば飲食店に従事していて「女性に喜んでもらうお店にしたい」と考えた場合、「男性が選んでデートに使い、女性に喜んでもらうお店」であれば、男性の感覚・価値観で見てもらう必要があり、「女性同士の食事に使ってもらい、喜んでもらうお店」であれば、女性の感覚・価値観で見てもらう必要があるからです。当然、この二つのコアコンセプトはまったく違ったものになっているのはご理解いただけると思います。

コアターゲットが男性であなたが男性なら、特に調査は必要ないかもしれません。しかしコアターゲットが女性で、あなたが男性の場合、必ず女性の感覚や価値観を一度通す必要があります。そうでないと、まったく見当違いのお店づくりをしてしまう可能性があるからです。

誰かの企画をチェックしたり、自身で企画を立てる際に、ただ「女性（向け）」「男性（向け）」とあったら、「どんな女性？」「何に関心がある？」「普段好きなものは？」「年齢は？」というように一歩踏み込んで問いかけをしてみてください。

それにより企画のきめ細かさが増し、より現実的なものに変化していきます。

無料のWEBサービスを展開する場合、それらは「誰もが使う」サービスになることが多いかもしれません。その場合コアなターゲットとして、情報の川上にいる経営者やエンジニア職など二つ～三つの対象を大まかにでも定めておくとよいと思います。

洞察力の磨き方

さまざまな人の価値観を吸収するにあたって、重要になるのは**洞察力**です。洞察とは辞書をひくと「物事を観察して、その本質や、奥底にあるものを見抜くこと。見通すこと」とありました。これを平たく言うと「観察して気づく能力」になるでしょう。

さまざまなことに意識を向けて気づく能力がないとインプットがただインプットされただけとなり、情報として転化していきません。インプットを「使えるインプット／インプットとして使えるもの」に変化させるのが洞察力です。

洞察力も一朝一夕で身につくものではありませんが、方法として大事なのは「問題意識を持つこと」であると考えます。優れたクリエイターたちを見ていると、常に「アンテナ」を張っていて、自分が必要な情報やそれから運をキャッチしているように見えます。アンテナを張るにはそれより先に問題意識を持っていることが重要です。


ここで混同しないように**「問題」**と**「課題」**の違いについて明確に述べておきます。

「問題」という言葉の守備範囲は広く、事件的な物事、解決しておきたいこと、困難のことを指します。

一方「課題」は原因や指標やテーマ、方向性が判明している「問題」となります。つまり漠とした「問題」をより解像度の高い状態で理解すると「課題化」される。「問題」を解決するためには、それらを「課題化する」必要があるのです。

問題意識を持つためには、現状に対し満足せず、あえて**「否定的な問い」**を持っていることが大事だと思います。いまがベスト、これでベストと考えず、まだやれることがあるのではないか、さらによくするためにはどうしたらよいか、という理想を追い求めてください。日々の中でそうした問いかけを行って過ごしていくことで、気がつくとまったく関係がないと思われた体験や経験、知見がある日突然つながって、見えなかった物事の本質やコアを捉えることができるようになっていきます。

身体のケア＝整理整頓＝アイディアの源泉

私はアイディアを出すために、身体のメンテナンス治療を週三回行っています。主にカイロプラクティックなのですが、これにより良質な睡眠を手に入れ、ストレス状態を健全なものにし、疲れた内臓を改善させ、慢性的な噛み締めの原因への対処を習慣づけています。

一般的にはこうしたボディケアは不調になってから、それを元の状態に回復させるために利用する人が多いと思います。しかし私は常に脳がクリエイティブな状態で機能するように調整しています。

これらのおかげで、会社経営者として非常に高いストレス環境に置かれていると思いますが、よいアイディアを継続して出せる心身の状態を保てています。

一般的には「働くと疲れる」と考えている方が多いと思います。しかし、実際は適正量のデスクワークであれば通常疲れることはありません。また脳の疲労も睡眠をきちんととれば回復することができます。

では、なぜ疲れたと感じるのでしょうか。こちらも自身の経験で恐縮ですが、オフの時間の過ごし方が疲労感を左右すると考えています。

たとえば、食べすぎ、飲みすぎ、休日前の夜更かし、休日の寝すぎ（普段は七時には起きている人が一〇時過ぎまで寝ていたら寝すぎです）。「ストレス発散のため」と称して出かけるショッピングや旅行、遊びは思ったより長時間となり、肉体に疲労が残ります。

ウイークデイのルーティンに対するオフの時間のイレギュラーな状態はいつ解消されるのでしょうか。当然、ウイークデイになります。

休日の疲労をウイークデイのあいだ引きずり、そしてまた休日に入る。このサイクルが気づかぬうちに疲労を貯めてしまっている原因なのではないでしょうか。

私は週明けは必ずメンテナンス治療に出かけるのですが、やはり週末に体調（コンディション）を崩しているのに気づかされます。

「月曜日は起きられない、会社に行きたくない……」と感じてしまうのは、このような無自覚な不調のサイクルから生まれていると考えています。こうした状態ではよいパフォーマンスを発揮することができません。

ということで、まずは身体のケア＝「身体と生活を振り返って、整理すること」を行ってみてください。


さて、身体の整理ができたら、次に職場と生活空間を整頓することをお勧めします。整理整頓することでアイディアも出やすくなります。

しかし、ただきれいにするというより「これまでにないレベルで圧倒的に整理する」というニュアンスで受け取っていただけたらと思います。つまり、「いま目には見えていないレベルの何か」まで整えるという姿勢です。そのくらいの熱の入れようでお伝えしたいのです。アイディアが乏しい、と考えている方にはぜひ実践していただきたいと思います。きっと「整頓」することが苦手なのではないでしょうか。

もちろん身の回りの物理的状況（汚れている、雑然としている）もそうですが、人間関係も整頓すべき課題の一つです。

たとえば、聞いていて怒りが湧くような嫌な発言をする人間と友だち付き合いをする、とか。そんな人間とはすぐに離れた方がよい、と冷静に他人として考えれば判断できるはずです。しかし、「一度仲間や友人になったらその人たちを大事にしなさい」という「思考を固定化する価値観」が気づかぬうちにさまざまな経路（教育やドラマや漫画その他）であなたの中に浸透してきて、それが当然と思い込んでしまっている可能性があります。

人を大事にするということと、その人といることが自分にとって良い環境ではないとわかったときにそこから離れることは矛盾しません。しかし、前者があまりにも強くインストールされていると、案外とそれ以外の価値観で行動するのが難しかったりします。

日本は漫画・アニメ文化が発達しているので、幼少期〜青年期に見た作品の影響をそれとは知らずに大きく受けていることもかなりあると考えています。もちろんそれらの作品の良い影響もたくさんあると思いますが、大人になったあなたは「整頓」（この漫画の世界の価値観と現実の自分が持っている／持つべき価値観にはきちんと違いがあるという線引き）をしたうえでそれらの作品を楽しんだ方がよいでしょう。

知らないうちに設定された固定的な価値観を崩していくことが、柔軟で自由で時に型破りなアイディアへとあなたを導いてくれるはずです。

整頓の目的は「アイディアのワークスペースを脳内でつくること」です。

異次元で圧倒的な整頓は、環境が汚れたり、混雑する前から積極的に行うことができます。いまよりもっと機能する仕事のカバンはないかと探す、机の使い方の改善点はないか検討する、書類の整理方法はこのままでよいか考えてみる、などなど向上心を持って取り組むことができます。

アイディアの源泉は「身体のケア」と環境の整理整頓

こまめに身体を
メンテナンスしよう

休日の疲労をウィークデイに
持ち越しているタイプの人も多い

職場と生活空間を整頓しよう

物理的な汚れ+人間関係を整える

整頓することで、
「脳内にアイディアのワークスペースができる」

向上心とは先に述べた「問題意識」そのものです。「いまが最高の状態でなかったとしたら?」「これよりよい環境を作れるとしたらどうなるだろう?」など現状に疑問を投げかけることで新しい発見に出会えるでしょう。

このようにアイディアを生み出す行動は「アイディアを生み出そうとする前から」始まっています。アイディアを必要とされる状況になってはじめて「どうしようか?」と発想のフレームワークを動かすのでは遅いと思います。

アイディアはアイディアをドライブさせればさせるほど、考えれば考えるほど出てくるものです。その動きはとどまるところを知りません。アイディアのエンジンのスイッチは一度押したら止めてはならないのです。

企画力をつけるのに最も効果的なのは、企画のアイディアを出し続けること。そのスタートは企画より前から始まっているのです。

「面白い」をつかむ

SNSで発信を始めるとユーザーに「面白いコンテンツ」を提供することが重要になります。当然、皆が何を面白がってくれるのか、その「面白い」をつかむことが成功の鍵となるわけです。

お笑い芸人が「面白い」のは「彼らが〝笑い〟を取っている」という成果そのものに現れています。人気芸人になりたいのであれば、多くの笑いを取る必要があり、それにはマジョリティな集団を笑わせることを目指すのが戦略となります。

お笑いが好きなひとは積極的にお笑い番組を見ますが、世の中にはNHKのニュースしか見ない人もいますし、はてはTVを持たないという選択をしている人もいます。そうした、自分を知らない、笑いたいと思っていない人を笑わせることができるのは本当に腕のある芸人さんだと思います。

一方、TVに出る機会は多くない芸人さんであっても、舞台が強く（動員含めて）、ドカンドカン爆笑を取る方がいらっしゃいます。これは、舞台の場合、観客がわざわざ見に来てくれるファンと、ファンではないけれど笑いたい人から構成されていることが大きいと思います。

そこから考えると、「笑いたい人＝面白いと思ってくれる人」が集まっている場所でコンテンツを発信することが、面白がってもらえるために必要な戦略の肝になる、ということがわかるでしょう。

あえてお笑いを例に出しましたが、必ずしもお笑いコンテンツではなくとも、「面白いコンテンツ」は成立します。NHKのニュースしか見ない人はそこに「面白さ」を感じています。世の中の正しい情報に関心があり、CMに煩わされず番組を見たい人にとってNHKニュースは面白くて便利なものです。TVを持ってないからといって、何事にも関心がなく、面白みも感じていない、なんてことがあるわけがなく、その人たちはその人たちの生活の中で「面白い」と感じることがたくさんあるはずです。

「面白い」を決めるのは「**関心**」です。英語のインタレスト(interest)の意味には興味、関心、利益が含まれています。その語源はinter(間に)esse(存在する)というラテン語の熟語で、「利益」という意味でした。それぞれの人にとって利益があり、関心の度合いが深いものがその人たちが「面白い」と評価するものです。

そう考えると、NSCに入らずとも、クラスの人気者でなくとも、誰かにとって「面白い」と感じてもらうコンテンツを制作することができるのではないでしょうか。語源からわかるように西欧では古代から利益のあることを面白がっていたわけで、価値を扱うマーケティングを学べば「面白い」は製造可能なはず。

ここまでにマーケティングエッセンスとして多様な価値観を身につけることを解説してきました。ここで価値を利益と言い換えてみましょう。

SNSで人気アカウントになるには面白いコンテンツが必須である。面白いコンテンツとは読み手にとって利益が得られるコンテンツだ。想定する読み手の価値観を広く吸収し、洞

コアユーザーの「面白い」を
まずはすべて受け入れてみる。

察して、彼らが喜んでくれるコンテンツを提供する。そのサイクルのくり返しと調整がSNSアカウント運営の肝になる。

このようにこれまで解説してきた「点」を「線」でつないでみてください。それが前提であり、基本です。細かいテクニックや応用よりも重要なことです。いつでもそこに立ち戻れるように意識してください。

面白いを他者の視点で受け入れる

あなたが面白いと思って行っていることが市場にマッチしない場合、「面白い」を他者の視点で受け入れてみてください。

自分が面白いと思ったことだけをやって成功する人はほんのごく一部です。かつてYouTubeのCMに「好きなことで生きていく」というコピーがありましたが、もはやそれは成立していません。世知辛い話ですが、好きなことで生きていく人が珍しくなってきたら、元々小さかったパイを皆で奪い合うようになります。そうなると、そこは好きなことだけでは生きていけない市場と化します。

SNSのトレンドは日々刻々と変化を続けており、変化に適応していないプレイヤーが次々と退場しているのが現状です。

あなたがコアユーザーとしてターゲットしている人たちが「面白い」と言っているものをまずはすべて受け入れてみてください。韓国アイドルが好きだとしたら、そのどこに魅力があるのか聞いて、彼らの布教を受け入れてみてください。

このやり方は先に「インプットを増やすための習慣」で紹介したものと同じように考えていただいて問題ありません。

ディズニーランドについて異常に詳しい友人がいます。スプラッシュマウンテンなどのスリル系には一切乗らないという彼と同行した別の友人の話では「彼のガイドがすごかった！」と好評でした。それで、とても興味が湧いて、「ディズニーマニアと行くディズニーツアー」を企画したのです。

私は遊園地は乗り物で遊ぶものと考えていたので、乗り物に乗らないディズニーランドは非常に新鮮な体験となりました。マニアの友人はお茶をしたり、可愛い写真を撮ったりしながら園内を歩くのがとてもよいと語ります。思った以上にお茶の休憩ができるスポットがあること、可愛い写真が撮れるスポットがあること、園のあちこちの細かい部分まで凝った造形や仕掛けが施されていて、来園者に喜んでもらえる工夫がちりばめられていることに、新鮮な感動を覚えました。

ファストパスを使って、いかに効率よく並ばずに乗り物に乗れるかとせわしなくしていたら、何度足を運んでも気がつかなかったいろいろなことを体験できたのです。

そのような自分にとっての思わぬ体験についてあちこちで話していると、年間パスポートを持っているコアユーザーたちにも出会い、彼らの中には乗り物には乗らないという人が意外と多いことにも気がつきました。

自分だけの「面白い」にずっと立っていると、大事なことを見落としてしまっているのだなと感じたのです。

企画力についてさまざまな角度から切り込んでいますが、その本質は「**面白さの把握力**」ということに尽きると考えています。自分ではない誰かの視点から「その人ならどう面白がるか」を想定して新しい価値を生み出せるということが企画力です。

つまり、複数どころか自由自在に価値観を把握し、横断できる人こそ多様な企画を生み出していける。どんな相手にも合わせられるプレイヤーになるのが理想です。

面白さに意固地になると広がらない

企画力に課題があると感じたら、自分の感覚の中に閉じこもって過ごしてはいけません。

面白いアウトプットは「面白さ」を多角的に把握することから生まれる

ディズニーランドに詳しい友人と一緒に、彼のガイドでDLに行く

お茶スポット
さまざまな仕掛け
乗り物に乗らない楽しみ方
ツアー
いままで知らなかった「面白さ」に出会うことが、新しい「面白さ」の価値を生み出す

ブランド担当になったけれども、社内の予算を回してもらえないのは、会社に予算がないからではなく、企画者のあなたに予算（つまりお金）を渡してもうまく使えないだろうと思われていることが問題なのです。予算を渡して見事に使える企画者には、どんどん予算がつくようになります。

行政機関や大手企業において、年度で使いきれない場合、次の年度の予算が削減されるという話はよく聞きます。予算削減されないように年度末で立て続けに工事や事業が行われるということもあるようです。そこでは、「使い切ること」が最低限の中間目標となっているわけで、そのようにつけられた予算では結果的に無駄な消費が増えると共に、新たな価値を生み出すことはほとんどないでしょう。

予算を割いても価値を生み出さない部署は業

績が悪くなると真っ先に資金を削られるようになります。対して、企画者のあなたが活躍していれば、「彼／彼女に予算を集めておけばよい働きをする」という認識と信頼が生まれ、業績が悪くなると一番初めに頼りにされることになるでしょう。

あなたの現状はいかがでしょうか？

予算が削られている状態でしたら、企画力に課題があると思われていると考えてください。変わるべきは会社の方針ではなく、あなたの姿勢です。もし仮に、あなたが価値を生み出しているにもかかわらず、予算が回ってこないとしたら、あなたの報告や会社の経営方針に大きな問題があることになります。

「否定的に問う」ことのメリット

ともあれ、企画力に課題があると気がつけたら、自分が考える「面白さに意固地になっていないか？」を否定的に問うことにしてください。

一生懸命に考え、行動しているのにうまくいっていない場合は、何か見落としがあるはずです。「否定的に問う」ことで、そうした見落としに目を向けることができるようになります。

「否定的な問い」とは、私が独自に使っている取り組みになります。私自身はいつも「現状がベストではない」「自分が間違っている」「できているとはいえない」という否定文を常に

「否定的に問う」方法

そのようなときは「否定的に問う」行為が
見落としている何かを照らし出してくれる
自分が間違っているとしたら？
現状がベストじゃなかったとしたら？
私は正しい！これがベスト！
できているとは言えなかったとしたら？
どんな可能性があるか、自問することで、「気づき」と「発想」が得られる

抱えています。

現代において、こうした否定文を一般の社員の方々に対して使うと、当然ですが、強すぎます（上役である場合「お前はできていない」という指摘を部下に対して行うのは絶対に止めましょう）。そこで、自分自身を主語にして「（自分は）～ができていない」と指摘してもらうようにしたのですが、それでもかなり強く、「できていない」という言葉に心が折れてしまうとのことでした。

そこで生まれたのが「**否定的な自問**」です。「ベストではない」と否定で終わるのではなく「（もし／仮に）ベストじゃなかったとしたら？（どういう可能性があるだろうか）」と否定的に自ら問いかけを行うことで、気づきと発想を得る、洞察を強化する習慣になります。

弊社の日報では必ず否定的な問いをつけて書

いてもらうようにしています。否定的な問いがどのように形成されているかを見るとその人の現状やポテンシャルがよくわかります。成長したことで否定的な問いかけが上手になった人もいます。

「おじさん」とはどのような存在か

偏った「面白い」の世界に凝り固まっていると共感能力がどんどん閉じていきます。共感の感性は使い続けないと衰えるのです。若い頃は繊細な気遣いができた人も、ポジションが上がることで共感能力を使うことが少なくなっていくと、おじさん化していきます。

これが私が長年周囲を観察し続けて発見した「おじさん化／おばさん化」の真理です。実際に私も「おじさん」と呼ばれる世代に属していますので、ディスと受け取らないでいただければありがたいです。あくまで自戒を込めてお伝えしているものです。

「やっぱりおじさんは……」「もうおばさんは本当に……」というある種の非難は単純な年齢に対する言説ではありません。そこで批判されているのは「共感能力の欠如」なのです。

当該「おじさん／おばさん」と呼ばれた人たちは、自身の発言や行動について（場合によっては身だしなみなども含まれるでしょう）、客観的評価＝周りからどう見られるかに一切注意を払っていないことで、相手に不快感や失礼な印象を与えている。しかも、当人にその自覚がまったくなく、悪びれないことが批判的な言動につながっています。

指摘者たちはそれに気がついた際、「おじさん／おばさん」とやんわりとした辛辣な表現を行う。これが「おじさん化」のメカニズムなのです。

ぜひ手遅れになる前に、いろいろな価値観に触れ、刺激を受け取り、学びましょう。特に自分よりも若い世代の価値観から現在の感覚を吸収し、アップデートするとよいと思います。

ただし、注意点が一つあります。それは価値観を吸収しても、すり寄らないこと。ファッションや言動を含め、若者にすり寄った段階で、「おじさん化／おばさん化」が確定してしまいます。価値観を受け取り、理解しても、すり寄らない。ぜひ気をつけていただけたらと思います。

2 文章と論理の力

SNS＝文章（テキスト）

ＳＮＳでの発信力を育てるには、文章の力を鍛える必要があります。写真や動画で表現するＳＮＳもありますが、伝える能力の基礎は言語化です。言語化できなければ、その成功の再現性は低いものになります。また言語化できないと組織として共有することができないので、何をどうやってきたのか、後任に引き継ぎできず、あなたがその組織を離れたらこれまでの試みが無駄になってしまいます。もちろん、あなたが社長だったとすると、社員に引き継ぎを行えず、その後の事業の雲行きが間違いなく怪しくなることでしょう。

そうなる前に、テキストで伝える力をしっかりと身につけておきましょう。

SNSの文章は
「読んだ人にどうしてもらいたいか」
を明確に記すことがポイント。

書き方1——企画意図：どうしてもらいたいか

これからSNSの文章の書き方を紹介していきます。まず何を書くか。それは企画の意図を明確にすることから始めます。読んだ相手にどうしてほしいか、どうなると成功なのかというゴールを明確に持ってから文章を書き始めてください。

料理の企画なら毎回明快です。「こうやると美味しくなるので、ぜひ食べてもらいたい」というコアがあり、そのバリエーションが日々異なってきます。その際、行う提案の目的語と述語を明確に説明できるようにしておくとよいでしょう。

もちろん、こちらから行う提案なので、目的語は必ず「あなた（読み手）」になります。目的語と述語と組み合わせたパターンとしては、あなたに〜してもらいたい。あなたに笑ってもらいたい、あなたに食べてもらいたい、かわいいと言ってもらいたい、等々となり述語があなたにやってもらいたい行動についての指示を明確にします。

コスプレイヤーや俳優の場合、自らが写った写真を載せて「見てください」だけでは、意図が伝わりにくいと思います。よって、どういう状態あるいは感情になってほしいかを書き添えましょう。「（見て）一緒に怒ってもらいたい」「（見て）ほっこりしてもらいたい」「（見て）クスっと笑ってもらいたい」などさまざまな述語が考えられます。

SNSの文章の書き方１

まずはシンプルな文章にすることで「何を目的にコンテンツをつくるか」、その指針が明確になるのです。

書き方２――国語を忘れろ

ブランドの担当者が企業アカウントを運営するときにやってしまいがちな悪癖が「形式文」です。この形式文は企業特有の臭さを演出してしまいます。

脱形式文への第一歩は「国語を忘れろ」ということです。仮に多少日本語としておかしくても、その文章が読みたくなるものであれば、正解です。日本語としての正しさより、より多くの人の関心を集められる文章が正解になります。

たとえば弊社のレシピ投稿では「大さじ

1」と書くべきところ、「大1」と書きます。このように無駄を省けば二文字浮きます。こうして文字を極力削っているのです。

前置きを作らず単刀直入にズバッとプレゼンすることが大事です。有名投資家とエレベーターで偶然出くわした時に行うプレゼンは「エレベーターピッチ」と呼ばれています。仮にエレベーターに乗り合わせて、次の階でその投資家が下りるとしたら、使える時間は三〇秒ほどです。その時間で話せる文字数は二五〇字。原稿用紙の半分と少しの内容の中に、絶対に伝えたいことを伝わるように込める必要があります。

一方X（旧Twitter）のピッチは三〇字と考えています。読み手側は有名投資家と同等の立場にあり、私たちに「最初の三〇字しかやらん。その中で投稿を読むかどうか判断させろ」と迫っています。これは戦いです。三〇字で関心を引けなければユーザーは次の投稿に目を移してしまいます。

ですから、「これめっちゃうまいから作って！」という意図が伝わるように三〇字を厳選して書きます。弊社の投稿ではどれであっても一文（三〇字）でこれを伝えます。あえて二文に分ける場合もありますが、それは文章を簡潔にする意図でそうしています。

SNSの文章の書き方2

多少は日本語としておかしくてもOK。
多くの人の関心を集められる文章にする

初心者は書きながら編集するな

文章を書きなれていない初心者の段階では、書きながら編集（推敲）してはいけません。一度全部書き切ってから文章の全体から詳細を見直すようにしましょう。

私が社内で行っている文章力のトレーニングでは、書き切ったら一度テキストを印刷してもらいます。その状態で編集をしてもらうのです。そして、編集を反映したテキストをこちらに送ってもらいます。この一連の作業は業務の一環なので、「二分で一投稿」を書いてもらい、私がフィードバックするようにしています。

このようにして量を経験してもらうことで、書くことを習慣化できるようになります。

文章力が圧倒的に上がる本の使い方

●説明するのが苦手な人は本を読もう

文章がうまくまとめられない人は、まず「本を読む習慣」を身につけてください。本を読むことは文章のインプットになります。インプットした情報を理解することで、自分の言葉でも表現することができるようになります。他人が見聞きしたときにわかりやすく伝えることができてはじめて「文章化」された状態となります。ただ言葉が並んでいるだけでは、文章化されているとは言えません。

月に一冊、年間一二冊では文章を書くのは難しいでしょう。文章力が課題だと感じたら、最低でもその三倍、月に三冊は読書しましょう。文章を書くというのも、圧倒的なインプット（＝読書）とアウトプット（＝書き出すこと）で上達していきます。

本を読んでいるのに書けないという人は、はたして読んだ本について理解できているかどうか、振り返ってみてください。案外、本を買って読んでも中身がよくわからなかった、という人も多いと思います。

理解を進めるのには三つの方法があると考えています。

一つ目は読みながら、そこで感じたこと、考えたことを直接本に書き記す方法。これは「ジャーナリング」という手法で、自分の側に起こっている変化を書籍とリンクさせることで、その内容を自分事として理解するのにとても役立つ方法です。本が汚れてしまうことを気にせず、どんどん記していってみてください。そうすると、自然とあなたが購入したすべての本が自作の貴重なアイディアノートに変貌し、役立つ右腕となってくれます。

二つ目は積極的な読書を行うということです。受動的に書籍に接するのではなく、必ずやそこに何か自分にとっての発見があり、必要な情報がある、と意識して読んでいくということです。一つの手がかりも見逃さないという姿勢が重要になります。

三つ目に、できるだけ短期間に集中して読み切るということです。一冊の本を一週間あるいは一カ月かけて読む場合、一週間前にあった情報を覚えていられるでしょうか？　おそらく難しいと思います。一カ月前ならなおさらです。そうなると、前に読んだ箇所の情報が抜けてしまって、断片的な理解をもとに現前の文章を消化していることになるので、あまり的確な情報を得ることができなくなってしまいます。そのようにして読み切っても、達成感は得られるでしょうが、正確な理解にはほど遠い状態になってしまうと思います。

なるべく書籍に接するには、まとまった時間を作って集中して読むようにしましょう。

●本の内容を人に説明する

わかりづらい説明と理解してくれない人という両極が存在しています。これはＳＮＳに限らず、世の中全般においてです。もし、あなたが話をして聞き返されたり、聞き手があなたの話を要約して「こういうことですよね？」と確認された場合、それは、あなたの話がわかりづらかった、というシグナルになります。

いずれにしても、理解してくれない人に理解してもらうのは至難の業なので、できる限り「わかりやすい説明」を丁寧に心がけるようにしてください。

そのためのトレーニング法として、本を読んだら、読んだ本の要約と得られた発見について、誰かに説明するということを課してみてください。

実際に人に対して説明をすることで、どうやって順序だてて話すと伝わるのかが自ら理解でき、相手の反応を見ながら話すことで、自分の話の中でどこがわかりやすく、どこがわかりにくい部分かが明確になっていきます。

また相手が理解している部分については端折《はしょ》ったり、より説明が必要な部分に焦点を当てたりということも、ライブ感のある中で経験することができます。

説明は順序が命です。順序を間違えると理解しづらくなるくらいならまだしも、実際の内容とは正反対の内容として伝わってしまうこともあるのです。

事前に、どう話したらわかりやすくなるか考えておきましょう。また話が長くなる時は、結論と自分が感じたことを先に伝えておきましょう。話を聞く前に話し手のスタンスや話の方向性が明示されていると、聞き手はあなたの感じたことと事象をセットにして把握するこ

文章力を上げるには、本を読む

本を読む方法

1. 読みながら感じたこと・考えたことを本に書き込む
2. そこに発見があると思って読む
3. 短期間に集中して読む

本の内容（要約+発見）を人に説明する

1. 話が長くなる時には結論を先にまとめておく
2. 相手の理解度を確認しながら話す
3.

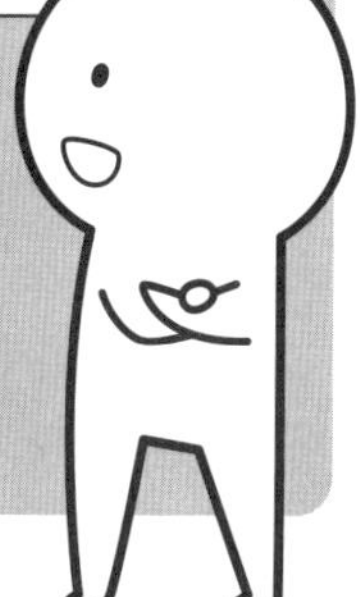

本を読んで、相手に伝えることはそのまま「文章を書くこと」に直結している

とがしやすくなります。

説明が苦手だと言う人の中には、相手が何を知っていて、何を知らないかに注意が回っていないタイプが多いように感じます。そのため、相手がすでに知っていることを細かく話したり、相手が全然知らない話についてきちんと説明しなかったり（あるいは、相手が全然知らない話でも延々と話すというケースもあるかもしれません）、聞き手側の負担が大きくなるようなことを行っている場合も見受けられます。

要点をわかりやすく伝えるのに必要なのは、相手が受け取りやすい短い言葉でまとめるセンスです。説明が長くならないように、事前に「ポイントは三つあります……」と伝えることで、聞き手は「全体は三つの話からできているのだな」「今は二つ目の話をしているのだな」と、話の整理・理解がしやすい状態で話を聞くことができるようになります。

同様の話をするにしても、先に「三つのポイント」を伝えて、それぞれのポイントが入る「（受け取り）箱」を作ってもらっている場合と、長々とただ話す場合とでは、当然聞き手の理解度は大きく変化します。

このように読んだ書籍について相手に伝えるトレーニングを、誰もが「わかりやすい」と言ってくれるまで続けましょう。

その結果、誰に対しても伝わる、わかりやすい文章が書けるようになります。

論理的に考える習慣をつける

論理的に考える習慣をつけましょう。論理的に考えるとは、道筋を立てて考えるということです。論理にはさまざまなものがありますが、ＳＮＳでのテキスト作成に関わる部分で言うと、論理的思考が身につくことで「原因→結果」の道筋をはっきりさせる説明を行えるようになります。

たとえば、「コップはなぜ割れたのか」について説明するとします。相手はコップやガラスを知らない人だと想定してください。

１：コップとはそこに液体を入れて飲むものです。
２：このコップはガラスでできています。
３：ガラスは強い衝撃を受けると割れてしまいます。
４：Ａさんはガラスでできたコップを持っていました。
５：しかし、手を滑らせてコップを硬い床に落としてしまいました。
６：硬い床にぶつかってガラスのコップは割れてしまいました。

1がコップの説明、2がコップの素材の紹介（間接的な原因①）、3が素材であるガラスの特性についての説明（間接的な原因②）、4が状況について、5が結果にいたる過程であり、直接的な原因、6が結果ということになります。間接的な原因というのは、振り返ってみて、もし仮にコップがガラスではなく鉄でできていたら割れなかった、ということを予期させるものです。直接的な原因というのは、そもそも手を滑らせてコップを落としていなければ、コップは割れなかった、というものです。

こうした説明が簡潔かつ抜かりなく行えることが、商品やサービスを紹介する際にとても役に立ちます。論理的に説明されていると、相手もその商品やサービスの魅力について検討するようになりますが、非論理的（つまり道筋がわかりづらい）な説明があると、理解するためのリソースを割かなくてはならなくなり、結果として商品やサービスを検討するという段階に入る前に離脱されてしまうでしょう。

「なぜ、企画がうまくいったのか」、あるいは「なぜ、そのようなトラブルが起きたのか」等々、あらゆる局面で論理的思考力を持つことが課題解決のための強力なツールとなるのです。

3 抽象化＝ストーリーの力

皆、たとえ話が好きなんです

投稿は適切な「たとえ」が加えられると、読み手の反応がとてもよくなります。料理の投稿の場合、単に「美味しい」では人は興味を持ってくれません。かといって、グルメ雑誌のような凝った表現は必要ありません。

たとえば、美味しさを表現するのではなく、その味をユーザーが体験したことのある料理でたとえてみてください。すると、読み手の中に、その時の体験がよみがえり、いま目にしている投稿における臨場感というのが一気に増します。

冷凍餃子をトマトソースに絡めた料理の食感については「まるで生パスタのもちもち感」とたとえます。その根拠として、水餃子なので、料理に親しい人は見た目も含めて、パスタ生地で具材を包む「ラビオリ」についたとえてしまいたくなるのですが、ラビオリを食べなれている人は「生パスタ」を経験したことのある人より、少ないはずです。よって、もちもち食感にフォーカスして「生パスタ」とたとえることで、「あぁ、あの感じね！」と理解してもらえる母数が増えるのです。

これはあくまで一例ですが、さまざまな投稿においていろいろと改善の余地が見えてくると思います。ぜひブラッシュアップの参考にしてみてください。

爆速で理解してもらえるたとえ話

「たとえ」についてですが、これは正確に言うと「比喩表現」というものになります。「〜のような」とたとえられる事物を明確に示した比喩を直喩《ちょくゆ》と言います。たとえば「鉛のように重たい肩」「トビウオのように軽やかに泳ぐ」など。

一方、「〜のような」を使わず（比喩であることを隠して）、「〜だ」と表現するのが隠喩《いんゆ》です。「彼女は天使だ」「金は力だ」など。

お笑い芸人さんでもトークに強いとされる人、またツッコミで人気の高い人はたとえが的確で上手です。話そのものが日常の風景であっても、たとえの力でスパイスが加味されることで強烈なオチへと導かれる笑い話へと昇華されています。

投稿にフックが足りないと思える場合、たとえを挿入することで強いパンチラインを作れるように目指してみてください。全員から笑いを取ることができずとも、たとえる力を鍛えていくことで、興味や関心を持ってもらう投稿を作ることができるようになります。

わかりやすく話せる人＝たとえ話がうまい人

わかりやすく話せる人というのは例外なくたとえが上手な人です。相手が知っているであろう範囲の情報や背景を推測するのが上手いので、それらを踏まえてたとえることで、話の理解度が高まります。

たとえば、あなたが美味しいお店を紹介するグルメアカウントを運営していたとしましょう。取材先の店舗のたたずまいが素敵だったことから、その魅力を「外装が高級感のある作りになっていて……」とあなたは記します。

しかし、たとえ上手な人はどう表現するでしょうか。端的に、「高級ホテルのような店構えで……」とたとえるはず。同じものを見ても、伝え方によってまったく異なった印象を相手に与えることになります。

前者の場合、外装の高級感、というのは言葉ではわかりますが、具体的なイメージがわかないので、それがどれほどのものなのかすぐには思いつきません。しかし、後者の場合、「高級ホテル」という具体例が提示されているので、読み手のそれぞれが持っている「高級ホテル」のイメージとお店のたたずまいとをリンクさせることができるのです。
たとえ、は伝達における相手に対する思いやりであると考えています。

なぜ、あの人のたとえ話がわかりやすいか

たとえ話も才能やセンスだから、自分には難しい、と思うのはまだ早いです。これについても訓練する方法があり、それを続けていくことで自然とたとえ上手になることができます。

たとえの技術とは「**あるものの特徴やコツを一度〝抽象化〟して、同じ共通点を持つ別の〝具体例〟に置き換える**」というものです。

訓練としては、あるものについての「言い換え」を行うというのが一番シンプルな方法です。たとえば、「コップ」であれば、「中に何かが入るもの」「落とすと割れる」「濡れた指で縁を回すと音が出る」などから、「逆さにして押さえることで、虫などを捕まえる道具」というように表現することができます。当たり前に生活の中に存在しているものでも、そのものが持っている属性（性質）や用途のシチュエーションを想像することで、たとえ表現を行うときの武器を養うことができるようになります。

これが抽象化の訓練です。次に、具体化の訓練としては、抽象化の訓練の時に出てきたたとも

「たとえ」とは伝達における、
相手に対する思いやりである。

のを書き留めておいて、それらを基に具体的な事物を思い描くというものになります。たとえば、「落とすと割れる」であれば、「皿」「ワイングラス」「花瓶」などが具体的な事物としてイメージできると思います。「手を離すと飛んで行ってしまうもの」であれば、「風船」「紙飛行機」それから「大切な彼女」などが出てくるようになると、かなり「たとえ力」が鍛えられていると考えてよいでしょう。

応用的ですが、たとえをうまく使うには、コツや状態を一言で言い表すとよいと思います。たとえば美味しいエスプレッソを入れる方法を伝えるならば、「エスプレッソは抽出時間が肝」と一言でまずズバッと言い切りましょう。そしてその後に原理や理由や手順を説明すると読み手にとてもわかりやすくなります。

「ベストは八〇度のお湯が一八秒間〜二二秒の間で三〇ccです。細かく挽いたコーヒー豆の間をお湯が通り抜けていく際にコーヒーエキスが抽出されます。通過時間が長くなるとその分エキスが抽出されて、やりすぎると苦味や酸味が出過ぎてえぐくなります。かといって、短すぎると抽出が足りず薄くなってしまうのです」

この長すぎても短すぎてもダメだ、という言い回しを、

「エスプレッソは夜の共同作業と同じよ。長すぎる男もダメ、短すぎる男もダメ（おねえ風口調で）」とたとえを入れてまとめると、さらに強いパンチラインとなります。

抽象化の力を磨くには

- たとえ話の技術を高める
- たとえ話とは「あるものの特徴やコツを一度“抽象化”して、同じ共通点を持つ別の“具体例”に置き換える」こと
- 具体的なものを抽象化し、抽象的なものを具体化することでたとえる力が身につく

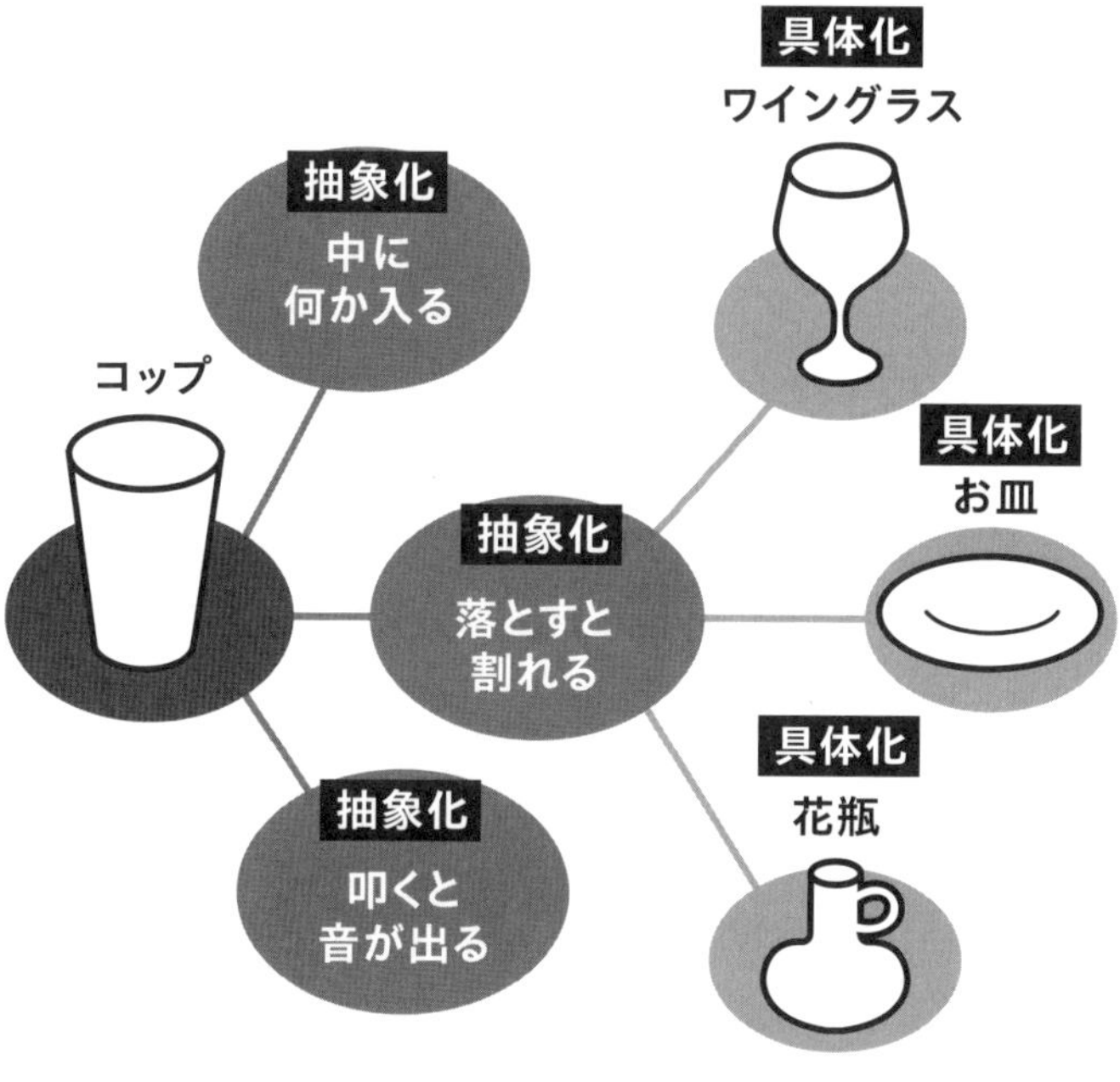

たとえ話をうまく使うには「コツ」「状態」を一言で言い表す訓練をする

具体化と抽象化のスピード

いずれにしても説明が上手い人は、この具体‐抽象の技術を普段から訓練しています。だからいつでもそれらのセットを取り出すことができるのです。

いまTVで活躍している芸人さん、タレントさん、司会者やアナウンサーの方たちは国内トップレベルの技術を持っているわけですが、最初からそれらが完璧にできたわけではなく、下積み時代に訓練をし、相当な場数を踏み、滑ったり失敗した経験を経て、そこに立っています。

とはいえ、私たちはTVで活躍することを目指す必要はありません。背伸びせずとも、日常の仕事で役立つレベルでそれらの技術を磨くことができればよいのです。

人から何か話を聞いたら「それって◯◯と同じってこと?」とたとえを使って確認をしたり、自分の話のまとめにたとえを入れる習慣を身につけましょう。そうして回数をこなすことで、たとえる力は育まれてゆきます。

たとえる力が身についてくると本質をとらえる力が身につきます。というのは、「たとえ」が成立するのは、「〝たとえるもの〟と〝たとえられるもの〟の本質(エッセンス)が共通しているから」なのです。

この本質をとらえる力は理解力にもつながっているので、一つの学びがあると、三つ、四つ、五つの気づきも同時にもたらされるようになります。

本質をとらえる力＝抽象化の力なのです。

具体 - 抽象化を駆使してトレンドをつかむ

トレンド予測を当てる力がある経営者の方は、いったい何をやっているのでしょう。

具体 - 抽象化の関係性がそこにも働いています。彼らは経済の流れの中にある一部の動きの変化を見つけて、全体を見渡して、そこに見え隠れする共通するトレンドを見出します。そしてそれに対応する動きを取っているのです。

たとえば、あちこちの大企業で賃上げが突然報道されたとします。ニュースはそもそも時代の動き（＝トレンド）を紹介する装置です。そこで、ニュースに触れたら、「なぜ異なる業界のトップ企業たちが同時に大幅な賃上げを行うのだろう」と疑問を持ちましょう。

振り返ると総理の発言として「賃金は上げていく」という表明があったことを思い出します。そこで、これら賃上げの本質、なぜそうなったのかを推察すると「国は経済政策のため本腰で賃上げ政策をしている」「経済界のトップたちにも要請があった」ととらえることができるはずです。よって、趨勢は賃上げに向かうので、このトレンドに乗った方がメリットが得られそうです。

経営者の立場として、引き伸ばして賃上げを行うより、いずれ国の施策に準じて賃上げする必要が出てくるのであれば、先に行った方が社員にとってもメリットがあるし、新規採用にも良い影響を与えるでしょう。

逆にトレンドに乗らないデメリットとしては、賃上げの報道を見るたび、社員たちが「なぜうちの会社では賃上げしないのだろう」「するつもりがないのだろうか」「他社は行っているのだから、同じ仕事をするのなら転職したほうがよいかもしれない」と考え始めてしまう、ということが起こると思います。

そうした状況が読めているのであれば、素早く対応することで「うちの会社は社会の動きをキャッチアップしていて安心だ」と考えてもらえるでしょう。

抽象化したものを自分の言葉で具体化する

新しい物事を理解するのにもっとも適した方法は、抽象化したものを自分の言葉で具体化することです。

たとえば、偉人や有名人の名言や言葉をそのまま自分の言葉のように使ってしまう人がいます。著名人たちは特定の具体的な分野で功績を得た人で、彼らの発言のベースには具体的な経験や探究があり、彼らの本質をつかむ力がそれらの「名言」には込められています。素朴な言葉であっても、圧倒的経験があるからこそ深みがあるのであって、抽象度が高いからこそ、多くの人の心に響きます。

しかし、それらの言葉を抽象的な状態のまま使ってしまうと、「あれ、この人はこの話を理解しているのかな？」「いまこの文脈で使われる言葉ではないのでは？」「言葉の重みを感じられない」と判断されてしまうことが多いでしょう。当然です。自分の言葉のように使っていても、本当は自分から出てきた言葉ではないのですから。

そうならないようにするためには、あくまで自分の経験から得たもの（抽象）を、自分の言葉で語る（具体化）必要があるのです。

そして、きっとそうして語られる言葉の方が、たとえ拙《つたな》くとも、相手にしっかり伝わるものなのです。

自分の言葉で説明することに慣れよう

本で得た知識も、人から聞いた話も、自分の体験に重ね合わせて説明する習慣を身につけましょう。

ちょっとしたエピソードと自らが感じたこと、経験したことを結びつけることにより、具体化が増し、相手にも伝わりやすくなります。

そのためには、体験の幅を増やして、そこから得られた共通点（本質）を言語化してみましょう。それは体験の抽象化でもあります。

とはいえ、難しく考える必要はなく、家族や友人、同僚などと対話することで自然と気づきが得られるはずです。対話はその時点で「抽象⇄具体化」の行動になるので、積極的に行うことをお勧めします。対話機会が少ないとそれだけで自らの言葉で説明する機会が少なくなってしまい、アウトプット量が減ってしまいます。ぜひ機会を作ってみてください。

「自分の言葉で説明できるもの」は強力なあなただけのコンテンツになります。**魅力的なコンテンツを作るにはあなた自身の体験の幅と数を増やし、抽象化（＝言語化）していくことが武器になります。**

たとえば趣味のスノーボードでの体験として、中級以上の角度のついた傾斜でスピードが出ていると「怖い」と感じることがありました。しかし、怖いからといってブレーキをかけると勢い余って前に転んでしまうので危険です。よって、スピードを相殺する時には下るのではなく、逆に山を上る方向に舵を切ると徐々に勢いが弱くなることに気がつきました。

この体験から私は、恐怖を感じるとビビってブレーキを踏みたくなるけれど、急ブレーキをかけると逆に危険なことで、歩みを止めずに、方向を転換する（たとえば過去を振り返って見直す、あるいは少しずつ新しい挑戦を試みる）ことで、自然と減速が行われ、自分が安心できる状態を手に入れることができる、と考えられるようになりました。

あくまで一例ですが、このように自分の体験を抽象的な状態として取り出すことができると、それを他の話（この場合はビジネスあるいは日常の知見）における臨場感のある「たとえ」として語ることができるようになります。

これは非常に強力なあなただけのコンテンツなのです。

第5章

まだまだ高められる「ブランディング」の技術

ユーザーとブランドの距離を深める

この章ではより幅広い意味でのブランディングの話をします。

SNSの大義はユーザーとブランドの距離を縮めることにあります。これまでのポスティング（ポストに一方的にチラシを投げ込む）のような運用をしていては、その距離感は一向に縮まることはありません。

ここまで述べてきたように、ユーザーにとって嬉しい情報を無料で提供することで、少しずつ関係が育まれていくものなのです。

ブランディングはお客さま一人ひとりの心の中で構築されていきます。

SNSの投稿がバズりさえすればファンがたくさん獲得できるわけではありません。SNSの運用をしながら、コミュニケーションを深めていくことで、ブランドについてのお客さまの理解や印象が向上していくのです。

それではどうやったらコミュニケーションが深まっていくかについて詳細に説明をしていこうと思います。

キャンペーンはどこを振り返ればよいのか

私も食品のさまざまなプロモーション専任チームに関わってきましたが、多くの企業では永遠の手探りが繰り返されています。

キャンペーンは売上高への影響を第一に見ます。しかし、キャンペーンの売上貢献度を調査するのは手間とコストがかかる上、調査によっては理論値であったり、必ずしも正確なものが出るわけではありません。では、どこで費用に見合った効果があると判断すればよいのでしょうか。

一つは**期間中に前年比と比べてどれだけ売り上げが上がったか**を見てください。前年と横ばいの市場において、横ばいな成果のブランドならこれで判断できます。

toroaの場合は急成長を続けることができているブランドなので、この方法が適用できません。その場合は**広告にかけた費用に対して、実施直前または前月と比較してどれだけ成約数が上がったか**を確認します。

急成長中のブランドの場合は前年比よりも前期比の方が実態に近いからです。

ＣＰＯを決めることが重要

一件の成約に対してかかったコストをＣＰＯ（コスト・パー・オーダー）といいます。すなわち一件の注文につき、いくら広告費をかけたかを計算するということです。

次にＣＰＯの目標値を決めます。一件の注文に対していくらまでならかけられるか。こちらは商材によって大きく異なるものになります。

たとえばデザイナーであれば一つのクライアントが毎月固定でリピートしてくれれば、その一件の取り引きは年間二〇〇〜三〇〇万円ほどになるでしょう。しかし相手にも予算や事情があることを加味して、平均で八カ月継続とすると、一六〇万円と想定することができます。

この場合デザインの粗利を九五パーセントとみなすと、ＣＰＯは八〇万円までならかけてよいでしょう。そこから平均八カ月継続してもらうためのサービスを改良をし、ＣＰＯを落としていけるように、営業資料やプロモーションを改良していきます。

基本的には広告というのは改良を前提としています。広告を使ってプロモーションする場合、少しずつ、初めは捨てても仕方ない程度の金額で始めるようにしてください。一気に大金をかけて、広告を展開し大きく失敗するとトラウマになるからです。

ECサイトならば、一人あたりの平均購入単価に対して販売管理費は何パーセントまでなら破綻《はたん》しないかを考えましょう。商品原価三五パーセントで、税引き前の利益率は一〇パーセント残せばいいとします。広告比率二五パーセントとして、平均購入金額六〇〇〇円だったとしたら、CPO一五〇〇円までかけられると言えます。

ここで新規のお客さまを年一〇〇〇人増やすことを目標とします。六〇〇〇円×一〇〇〇人で六〇〇万円の売り上げを得るために、二五パーセントに当たる広告予算一五〇万円を使えると考えます。目標として成約率が〇・三パーセントを目指すと考えると一〇〇〇人のお客さまを増やすためには三三万人への情報到達が必要と計算できます。

飲食店ならランチ一〇〇〇円を年四〇回食べに来てくれる近所に住む人、お勤めの人をイメージして二年通っていただくとしたら八〇回×一〇〇〇円で八万円とします。広告費八パーセントまで出せるとしたら一人当たり六四〇〇円で獲得できればいいと考えられます。

このように一回だけの来店で終わらない仕組みが必要です。

年四〇回を二年続けていただくためにはどの頻度で新メニューや、マイナーチェンジした企画を入れるか、逆算して組み立てなければ取らぬ狸の皮算用です。ＣＰＯの目標値を置いたら、それを実現するためのサービスの作り込みと改良まで考えてください。

ランチ一〇〇〇円をたった一回だけの来店で回収するような計画を立ててはいけません。飲食店などはリピートが命なので一回の来店時に、他に頼みたくなるようなメニューを置いたり、期間限定メニューを置いたり、お試しクーポンを渡したり、こっそりおまけを渡したり、考えられることはやり尽くすことが大前提です。そこまでを網羅しないで楽して広告で稼げる世界線はどんな事業にも存在しません。ランチが一〇〇〇円だから予算は一〇〇〇円かな、とかそんな予算でプロモーションを考えているとなかなか打つ手がありません。

ＣＰＯを決める根拠には理想と目標が必要

初めはＣＰＯを「決める」ということが難しいと思います。相場に関する情報がない、論理がないと決めるのは困難を伴うものとなります。「一年、二年で何回リピートしていただけるサービスにするか」という理想と目標を描くことから始めましょう。

一担当者という枠の中で仕事をしていると、理想と目標を自身で創り出すのはなかなか難しいものです。「決断」ができないからです。しかし、決断も訓練可能な能力であり、差し迫った決断の必要とその機会がないところでは「決断力」は育ちません。すべてを責任者任せにするのではなく、自ら行った決断を上司に判断してもらう、上司が決断できないのであれば、その上司に掛け合う。いずれも彼らが決断する場に居合わせ、どのような思考や判断でどのような決定を行っているのか、感じ取ってみてください。

あなたが個人事業者であったり、会社の代表である場合は、当然あなたが決めるしかありません。しかし、一度行った決断であっても状況に応じて変化させることができるものです。気負わず、しかし丁寧に実行していきましょう。

広告費用の考え方

よくBtoBプロモーションにおいて、その手法を宣伝する際に「広告費○円でこんな結果ができました」というキャッチコピーを散見します。たいてい、そうした手法は広告費ではない何らかのプロモーション費用がかかるのが世の常ですが、こうした広告が反応を得ているということの理由はよくわかります。広告費を捻出《ねんしゅつ》するのを嫌がる人がそれなりにいるからです。

ビジネス街で商いをする居酒屋さんなら、近隣のビジネスパーソンが店を気に入ってくればリピートの確度は非常に高くなります。お店の営業が夜は居酒屋、昼はランチの提供という場合、お昼のお客さま一人当たりの単価は一〇〇〇円程度になるので、広告を導入し（CPOは五〇〇円で）、お客さまが来店しても、赤字になってしまいます。よって、この時点で広告を諦める人が大半となるでしょう。

飲食店の目標税引き前利益は一〇パーセントが一般的です。一〇〇〇円のランチであれば、一〇〇円が目標利益です。

仮に一人当たり二〇円でランチに集客することができたら、広告をすることでお客さまが増えてうれしい悲鳴が上がるでしょう。しかし、現実的には二〇円で獲得できる広告媒体はありません。それでは媒体側に実入りがないからです。

それでもなんとか広告を導入しお客さまを増やし、売り上げを高めようと考える場合、戦略が必要になります。

夜の居酒屋であれば、一人六〇〇〇円の予算で考えられます。お酒を飲んでもらえる分だけ単価が上がり、その分広告予算をかけることができそうです。目標利益も一二パーセントまで持っていける可能性が出てきました。

平均二・五人で来店すると考えると、ワンオーダーで二・五人×六〇〇〇円＝一万五〇〇〇円となり、広告損益分岐点が一二パーセントの一八〇〇円まで引き上がります。つまり一人のお客さまに来店してもらうまでにかける予算を一八〇〇円まで考えられる、ということです。

ただし……ここまでのレベルのことは多くの企業がすでに実施していることです。夜の飲食に関する広告で居酒屋の枠は激戦区となります。単純な話ですが、広告では競合が増えるとCPOは上がります。また定価の高い商品のCPOも上がります。

たとえばBtoBの商品については費用が高く、SEO（検索エンジン最適化）関連会社のCPA（問い合わせ一件当たりのコスト）は一～二万円になると聞きました。テレアポ代行に頼むとCPAは一〇〇に一件アポイントが取れて、一商談二万円前後のコストになります。

さて、居酒屋に話を戻すと、そのようなわけで、夜の営業に関する広告展開は激戦区となりCPOが高騰してしまっていることになります。それではどうしたらよいでしょうか。

この場合、ランチに関する広告を検討しましょう。先に話した通り、平均のお客さま単価が一〇〇〇円前後のランチに関しては広告を出そうとする競合が多くありません。

さらに考え方の方向性を調整し「ランチに来てくれたお客さまを徹底的に満足させられたら、夜の営業にも来店していただける」と目標の柱を立てます。具体的な数字として、五人に一人、二〇パーセントの確率で夜の営業に来店いただくことを目標値として仮に想定しましょう。さらに夜の営業に来てくれたお客さまについて、三人に一人は一年以内に三回夜の営業に来てくれると設定します。

A：五人でのランチ……一〇〇〇円×五＝五〇〇〇円
B：一人での夕食＋飲酒……一八〇〇〇円×三＝五万四〇〇〇円
▼売上（A＋B）＝五万九〇〇〇円
▼平均売上＝一万一八〇〇円
▼広告予算＝一二〇〇円

となり、単価一〇〇〇円のランチ広告に一二〇〇円かけることができるようになります。こちらの回収期間は一年。仮に三〇席を満席にするまで続けたとして、三〇日で最大一〇〇万円となります。現実的にはある程度お客さまが入っているお店であれば三〇席すべてに対して広告費がかかることはありません。
またお店のコンセプトや料理の味に問題がなければ、続けていく中でリピーターができ、

広告費用の考え方

昼ランチ／夜居酒屋営業のお店の場合

ランチ単価
一人当たり　1,000円

かけられる広告予算
一人当たり　20円

これで来てもらえれば
うれしい！

しかし現実的には20円で
獲得できる広告媒体はない

居酒屋単価
一人当たり　6,000円
（平均2.5名来店）

かけられる広告予算
一人当たり　1,800円

ここまで上げられる！

しかし、居酒屋の夜の営
業に関する広告は激戦と
なり、CPOが高騰している

よって、あえて「ランチに関する広告」を考える

- ランチに関しては広告を出そうとする競合がいない
- ランチで来てくれたお客さまを夜の営業に来てもらえるようにする
- 夜・昼セットで考えると、単価1000円のランチ広告に1200円かけられるようになる自然と座席は埋まっていくので、広告費も減らすことができます。また夜の予約もリピーター中心に埋まっていくので、ランチについては先々のお客さま（夜の営業への）に対するプロモーションの場となり、そこで広告費が〇円になります。

三〇席で単価が六〇〇〇円、客席稼働率が九二パーセントだとすると、夜の営業が日販で一六万円になり月商は五〇〇万円。最初の広告投資も三カ月満席になれば回収できるという判断が可能になるとシミュレートできます。

「販路」を増やすか「認知」を増やすか

ある商品の売り上げを増やすために最もシンプルな方法は「販路チャネル」と「認知チャネル」を交互に増やしていくことです。チャネルとは商品にいたる経路のこと。チャネルを複数に増やすことで売り上げは拡大していきます。販路チャネルとは、売る場所や方法を増やすことで売り上げを上げるということを考えるもので、認知チャネルとは、知られることでサービスや商品を利用・購入する機会を増やすというものです。

たとえば美容院なら、路面店のトラフィックは認知チャネルに充当します。そこにホットペッパービューティのチャネルを重ねて、SNSでチャネルを重ね、インフルエンサーに取り上げてもらうということを重ねることで認知チャネルを拡大する、という戦略が考えられます。

併せて店舗以外のチャネルとしてEC（電子商取引）サイトで自社オリジナルのシャンプー、コンディショナーを展開すると、ECを新しい販路チャネルとして考えることができます。自社サイトだけでは、お店を知っている人しか利用してくれないので、楽天、amazon、LINEギフト等に販路チャネルを広げていきましょう。

販路と認知のチャネルは交互にバランスを見ながら上げていかないと、認知を増やせても販路がないためお客さんが購入することができません。

美容院はメーカーではないので、OEM（他の会社に委託して商品を製造してもらう）になると思います。OEMのロットがきちんと売れるようになったタイミングで卸を始めて、小売店で販売をしたり、ポップアップストアで販売することができるようになります。

さらに、TVショッピング、カタログ通販あるいは生協などに販路を広げながら、認知チャネルを増やしていきます。販路チャネルを広げるためには手間と時間がかかる一方、売れ行きが悪ければ取り引きがストップしてしまいます。

販路を広げるだけなら簡単ですが、同時に認知を広げることで取引先と良好な関係（よく知られている商品であれば継続的に扱ってもらいやすくなる）を築きましょう。

ＴＶＣＭは強者の戦略

すでに大手食品企業では販路チャネルが全国にできあがっています。このように販路チャネルが成熟した会社が、さらに売り上げを増やすには「認知チャネル」をいかに上げるか、にかかっています。よって、最大手のメーカーではプロモーションの量をどれだけ増やせるかを重視しています。メーカーの中には一にも二にもＴＶＣＭと考える人も多いです。

量販店のバイヤーは、メーカーの営業から「この商品のプロモーションはこのくらい行うことを予定しています」というプレゼンを聞き、それを受けて購入量を考え、管理職の決済が下りたら各小売店舗への配荷を決めます。配荷数＝商品が棚を面取れるボリュームとなりますので、多ければ多いほど目立ちますし、力を入れていることがわかるので、配荷数が多いと売り上げが増える仕組みになっています。

ＴＶＣＭは売り場と連動した
「量販店をハックする方法」。
だが、これは強者の戦略であり、
弱者は別の戦略を立てる必要がある。

このサイクルの中でCMが不動の人気なのは、その「わかりやすさ」にあります。

メーカーのブランド担当者がプロモーションやブランディングを役員と営業幹部にプレゼンします。この時、マーケティング畑から役員になるケースは食品業界では少なく、一方で営業の地上戦を勝ち抜いて武功を挙げた人が役員に昇格することが慣例としてとても多いのです。となると、役員の中にプロモーションについて詳しく、理論的に理解できている人がいることはほとんどありません。

営業出身者の役員には、「プロモーションとしてTVCMを打ちます」とバイヤーに伝えた時の反応の良さ、店頭でのお客さまのリアクションなど、現場の感覚がいまだ強く残っているため、プロモーション＝TVCMが既定路線として固まっていると言っても過言ではありません。

また、先にも少し触れましたが、承認されたプロモーション案はメーカーの営業担当者が量販店のバイヤーに伝言ゲームでプレゼンし、バイヤーは稟議書を書いて上司に伝言ゲームでプレゼンをします。そして配荷数が決まります。

その過程を考えても「TVCMをたくさん打つので、すごい売れます」というシンプルな構図が全員にとってわかりやすく、安心感のあるものになっているのです。

つまり、TVCMはその効果がゆえに、というより政治力学（プレゼン→決済という関係性の）において効果的に働くために強い人気を誇っているのです。

もちろん、かなりのボリュームでお客さまにリーチでき、CMソングや起用するタレントによる影響力で売り上げが伸びる効果もあります。しかしそれは恒常的なものではありません。その証拠に同じCMが延々と流れているケースはごく稀なところからもわかります。CMは流したら流した分だけ利益になるというものではないからです。

瞬間最大風速的に話題化されることで、売り場の棚（面積）を確保し、集中的に売り上げを伸ばす。そこで得た成功体験を実績とし、面を展開しつつ変化させていく。また商品によって売り上げが伸びやすい時期があるので、季節に合わせて商品を集中投下していく。

これが昭和の時代から続いている**「量販店をハックする方法」**なのです。

しかし、その方法しかない、と上層部の多くの人々が思い込んでいるので、この方法しか選択しないようになってしまっています。他の施策を考えなくなっているのです。というのも新しいアイディアを実行するというのは、「すでに成功が確定している（これまでも成功していて、これからも成功する）方法」を否定するということであり、それは前任者、そのまた前任者、さらなるOBを否定することになります。「否定される」と考えられる人物の中にはもちろん現在の決裁者の一人である役員も含まれることになります。よって、わかっていてそんな危険なことをわざわざ行おうとする人間もいないわけです。触らぬ神に祟りなし、と言ったところでしょうか。

ＣＭにそれほどまでの力があるのであれば、どの会社もＣＭを競合他社より打てば勝てる可能性があるのではないでしょうか？　しかし、規模がそれほど大きくない会社がそのようなことをしたら潰れてしまいます。ＣＭはお金をたくさん使える、すでに勝っている企業しか出し続けることができません。ある意味では、強者が弱者をフィールドから排除するために圧倒的な財力を行使している、ということでもあります。

私たちはメーカーが考えるのとは違う角度からマーケティングやプロモーションというものをとらえて実行する必要があるのです。弱者は弱者の戦略があります。

クラウドファンディングについて

クラウドファンディング導入のすすめ

クラウドファンディング（以下クラファンと略します）は、ぜひ導入してみてください。

お勧めします。

手間もお金もかかるので、うまくいっても手元にあまり残りませんが、後からではお金を出しても買えないブランドの歴史＝ストーリーをファンと共に作ることができます。

かくいうtoroaもデビューはクラファンでした。それまで見たこともないブランドのスイーツに一五〇〇人が合計一〇〇〇万円分もの応援購入をしてくださったのです。

私がオンボロ工場を事業承継した時点を知る多くの友人は、いまに至るtoroaのここまでの広がりを誰一人として予想していなかったと思います。何しろ自分自身がそんな想像ができませんでした。予想すらしていなかった現実を引き寄せたきっかけがクラファンにあったと考えています。

勧めておいて何ですが、一番の注意点を先にお伝えしておきます。

クラファンではまったく儲からないので、儲けを期待してはいけません。

サービスの手数料は売り上げの三〇パーセントで、ここでのプロジェクトは基本的に競合がひしめいており、飽和状態なので、通常クラファンを利用しているユーザーが自社のユーザーになるということはあまり期待できません。

また通販になりますし、食品は送料も含めてお得に設定する必要があるので、売り上げの一七パーセントが送料になります。また段階的に早割を設定することになるので、超早割が二〇パーセントお得、早割が一〇パーセントお得となり、販売管理費が六七パーセントなので、そこに製造原価を加えると早割での購入は完全に赤字となってしまいます。

ちなみにサービス側で広告を用意してあったので使ってみましたが、CPOが五〇〇〇円となり、さすがに高すぎたので取りやめました。

スポーツジムの会員権などは製造原価が〇円、送料も〇円なので、広告を利用して三〇〇〇万円集めれば後から回収ができるという想定になるようです。

食品は一番単価が低く、対して原価率も高いので、クラファンの分野ではかなり難しいものになります。そのような一番過酷な食品業種での経験からの話になりましたが、それでもクラファンは試みるべきだと考えています。

クラファンの意義

クラファンを立ち上げるのに文章（説明文＋概要＋コピー）作成、実際の商品作り、画像や動画の制作といったように大量の時間と労力を必要とします。仕事ができるそれぞれに長けた人間に任せても相当のボリュームとなります。

それだけ手間暇かけても売り上げ二〇万円で終了するプロジェクトが山ほどあります。

それでもなぜ、クラファンをやるべきなのでしょうか？

その理由はブランドの立ち上げ期の思いを受け取ってくださったお客さまに、最初に購入していただける、という点にあります。

あなたが普段商品を買われるとき、どこを見て購入しているでしょうか。自販機であれば、新しく見つけた商品を購入する際はパッケージサンプルの表面だけ見て理解できることから判断して、購入しているでしょう。スーパーでお惣菜を購入するときは、見た目と価格だけで判断していると思います。

しかしクラファンの場合は全体で約四〇〇〇字ほどある文章と、こちらで用意した写真、それから応援購入額を見たうえで、まだ現物を見たことも味わったこともない商品の購入を決断してもらっています。これほどしっかりと情報＝こちらが伝えたい思いを受け取って、購入していただく機会は、まずありません。

しかもtoroaの場合、思いを受け取ってくださった方々が一五〇〇人もいらっしゃいました。これは相当に大きなボリュームです。もちろんクラファンで購入いただいたお客さまで、その後も継続して購入いただいている方も多いです。

クラファンというと、無料で使えてお金を集められるツールだ、と認識されている方も多いと思いますが、そのような簡単なものではありません。またすでにお伝えしたように、儲けは度外視となります。しかし、そこでの投資額の回収期間を一～二年後に設定することで、無理なく試みることができるはずです。何より行うことで、ブランドに対して共感してくれる方、価値観を共有できる方と直接つながることができるのです。

ここで本書の中心となるSNSでのマーケティングに話が戻りますが、クラファンを始めるにしてもSNSを活動拠点にして、コンテンツのファンになってくれるフォロワーさんを獲得しておいた方が、プロジェクトが大きなものになる可能性が高いです。

つまり、クラファンを始めてからプロモーションをスタートするのではなく、プロモーションをスタートした先にクラファンの準備がなされているのが望ましい状態です。

そのためにもまずはSNSアカウントの運用が重要なものとなるのです。

アウトレットについて

実は「失敗品」はファンの方に喜んでいただけるコンテンツになります。

toroaの場合、製造過程で手作りゆえに、基準より焼き色が薄かったり、濃かったりするものが出てきてしまいます。もちろんどれも原料は変わらず、高品質なものを使っているので、味はどれも変わらず美味しいです。

そこで基準から外れてしまったものをアウトレット品として少しお得に購入できるように設定しておくと、いつもご愛用いただいている会員のお客さまに限定数のお得品を提供することができ、お客さまの喜びにつなげることができるようになります。

ちなみに工場試作の段階では、温度帯を決めるのに四パターンを試作して、焼き時間を決めるのにさらに数パターン試作します。このようにしてベストな焼き具合の範囲（基準）を決めています。そしてそこから外れたものについては、アウトレット品としてお客さまに還元するようにしています。

訳アリ品は価値が下がる、というマイナスポイントを意識させるのではなく、お得に買える人をコアなファンに限定することで、彼らが喜ぶコンテンツに昇華できたのです。このようなチャンスはいろいろな分野で考えることができると思います。

ぜひ知恵を絞って考えてみてください。

濃いユーザーさんのためのアイテムをオリジナルで作る

ＳＮＳは薄く広く関心を持っている人を増やすことができますが、フォローしてくれたユーザーさんとより深い関係が築けるような仕掛けを続けていくことが大事だと思います。日常にエンタメをつくる感覚で行いましょう。

たとえば、オリジナルアイテムを作って濃いユーザーさんだけがゲットできるような企画を考えるのも面白いと思います。toroaではその一環としてお皿を作っています。私たちがこだわった色合いと質感と形状でつくっているため、市場で似たものを見つけるのはとても難しいでしょう。そのような入手困難なレア物のお皿ですが……期間中にtoroaのケーキを四本ご購入いただくと後日無料でプレゼントする、というのが実際に行った企画です。

あなたのＳＮＳでもお客さまが喜ぶようなオリジナルグッズをノベルティで作れないでしょうか？　たとえばマグカップやＴシャツであれば、一〇〇個単位でも製造可能だと思います。コンテンツのファンの方がちょっと嬉しくなるグッズを企画して、プレゼントしてみましょう。

ブランドの立ち上げ初期であれば、フォロワーたちが、阪神タイガースのファンがチームに対するようなホットな反応をしてくれることは絶対ありません。阪神タイガースのファン愛というのは、テレビでの強烈なリーチの蓄積と、ファンたちで形成されるコミュニティと、試合観戦というライブ感と、そしてチームのこれまでのさまざまな歴史、それから選手や監督たちのキャラクターと人間模様、はてはライバル球団との関係など、チーム誕生このかたずっと積み上げられてきたもので形成されています。

これぞまさしくブランドです。

それを見習い、ブランドは一日、一年にしてならずととらえて、コツコツとファンの方に喜ばれる企画を続けていきましょう。阪神タイガースは負けてもファンと強く結びついています。お客さまとそのような関係になれたら理想的だと思います。

コラボの重要性

ブランド同士のコラボは積極的にした方がよいと考えています。自社のオリジナリティのためにコラボは受け入れない、というのはブランディングの観点からもお勧めできません。コラボのよいところは相互のブランドの発信力が使えるという点にあります。フードクリエイティブファクトリーでSNS運用をしているクライアントである紀文食品さんと中田食品さんのコラボ投稿を担当したことがありました。

弊社のインフルエンサーの顔を出した投稿のPOPを作成し、紀文食品さんと中田商品さんの商品を同時に打ち出すことにしたのです。このプロモーションについて、SNSを活用した面白い試みですね、とバイヤーの評価もとても良く、反応の高かった量販店の情報を交換することで、互いの営業販路の拡大につなげるという動きを取ることができました。

ただSNSで発信するコラボだけではなく、オフラインで打ち合わせつつ、現場を共有し、得られた営業情報をシェアすることで、それぞれの売り上げアップにつなげていくという戦略はとても有効なものになると考えています。コラボにより売り場をより確保することができ、売り場を取れれば売り上げが上がるという原則からも費用対効果のロジックが明確になるからです。

もう一つ、今度はtoroaの事例として、中野区、新渡戸文化学園、mogmog engineによる産学官福祉連携コラボがありました。

咀嚼《そしゃく》した食べ物を飲み込むことを嚥下《えんげ》といいます。しかし、この嚥下ができない人が二〇〇万人いると言われており、そのうち四〇万人が子供で先天的な摂食・嚥下障害なのです。toroaで販売している「切らずにとろ生クリームチーズケーキ」は滑らかで飲むように食べられる、という発信をしていたところ、mogmog engineの代表玲子ママ（永峰玲子）さんが「うちの子供も食べられそう」と反応してくれました。さっそくチーズケーキを送ってみたところ、重度の嚥下障害をもつ女の子が喜んで食べてくれている動画をお礼にと送ってくれました。その姿に喜んでもらえてよかった、とホッとしたとともに、今まで自分が知らなかった世界があるという驚き、そしてそこに貢献できる可能性がある、と感じたのです。

玲子ママさんに聞いたところ、嚥下障害を持つ子供は、ケーキは牛乳で溶く、ミキサーで混ぜる、茶こしでこす、などの処置をしてからようやく食べられるようになるそうです。非常に負担がかかる作業を経る必要がありましたが、これまでは親の愛情でケーキを食べることができていたのです。でも、子供に引け目を感じさせず、家族と一緒のものを食べることができたら、どんなに幸せなことか……と聞いた時、想像以上に困っている人がいることを知りました。

そこで感じたこと、考えたことを中野区の事業者の会合で話したところ、中野区長、新渡戸文化学園の理事長と意気投合することができ、「飲めるチーズケーキ」で家族も子供も笑顔に、という連携コラボを企画しよう！と話がまとまったのです。

未来の食プロを育てる新渡戸文化学園さんには、学生さんたちと商品を共同開発することで、社会問題の認知を彼らのうちに育み、プロの開発会議の現場を体験できる価値を提供することに。中野区には広報支援として、ふるさと納税など私たち事業者では申請が難儀なことをサポートしていただきました。そしてmogmog engineには宣伝活動を担っていただき、収益金の一部がmogmog engineに寄付される、循環型支援につながる連携事業を実行することができたのです。

商品お披露目のプレス関係者会は新渡戸文化学園で開催されました。その場に招いた重度の嚥下障害の子供たちが苦難なくケーキを食べている姿を見て、涙を流す参加者の方が何名もいらしたことがいまでも忘れられません。「美味しい！」の中に通っている、命と愛と優しさを深く感じた情景でした。

報道関係としてテレビや新聞社にも来ていただき、また翌日にYahoo!ニュースとなった

コラボを持ちかけるコツは
「自分が短期的な利益を取らないこと」。
地域や社会への
積極的な貢献を目指そう。

ことで想像していたものより大きな反響をいただく結果となりました。

商品開発はこれまでも散々やってきましたが、プロセスの厚みや社会への貢献度を考えると私にとってもこれまでにない学びを得ることができたのです。

新渡戸文化学園の学生さんは短大の一年生だったので、一九歳。普段の採用活動では若者からベテランまで幅広い社会人と面接している私ですが、学生さんが現場で積極的に学ぶ姿勢を目の当たりにするに、変な話ですが「世の中捨てたものではない」と考え直すきっかけとなりました。そこから、このプロジェクトに参加してくれた学生さんに新卒として弊社にエントリーしていただくということになりました。

あなたがクリエイターであるなら、クリエイター同士でコラボが可能です。またクリエイターとブランドでもコラボができます。

コラボを持ちかける時のコツは「**自分が短期的な利益を取らないこと**」です。

コラボ起案者のキャッシュポイントが最も早いのであれば、一番リスクをとるとよいでしょう。toroaは製造業なので、コラボする場合は一番リスクをとるようにしています。自分がコラボのオファーを受けた場合を考えれば当然ですが、コラボを希望している人は自分から積極的にリスクを取りに行くようにすると話がまとまりやすいはずです。

制作会社であるなら共同のプロジェクトを発信してロゴマークを作ったり、ランディング

コラボの重要性

産学官福祉連携コラボ「飲めるチーズケーキ」

自分が短期的な利益を取らなければ、コラボはうまくいく

ページを作ったり、自身がリスクをとって作業を引き受けるとよいでしょう。また事業者自身でデザインができるなら、出金せずとも自分が数時間働けば済む話なので、リスクらしいリスクを抱えずにコラボのオファーができるはずです。

ぜひ積極的にコラボ企画を提案するようにしてみてください。

コラボのアーカイブを残す

コラボを実施するときは必ずアーカイブを残しましょう。

要は、コラボが行われたという形を何らか残すということです。一番よいのはテレビ、あるいは紙面です。特に信頼性の高いアーカイブに残るとよいですね。もし何かの媒体に取り上げられるのが難しかったとしても、共同プレスリリースは最低でも出すようにしてください。送り先の質や数次第でそれなりの金額はかかりますが、PRTIMESなどのリリース配信サービスを使って一斉ニュースを配信すれば、複数社のメディアでリリースを転載してくれます。よほど悪いニュースでない限りは、確実に何かには載ります。自社での告知以外の、他社のメディアに載ることが重要です。

そしてコラボが無事に終わったら、その実績やストーリーを蓄積しておきましょう。そうすると今後、また別のコラボを企画した時に通りやすくなります。

コラボの実施を第三者の視点で見ると、パートナー（コラボしている相手）と信頼を担保しているように受け取れます。極端な話ですが「これほど有名なブランド（相手）とコラボしているなら、初めて聞くブランド（自社）だけど、しっかりしたブランドなのだろう」と認識してもらえます。しかし、これは非常に強力な「錯覚」でもあるので、気をつけてください。

まとめたコラボ実績は営業資料の中に含めて持ち歩いたり、noteに書いてログを残し、アーカイブを今年の活動まとめとして改めて紹介するようにしましょう。それにより、あなた自身の発信の信用度が高まります。

自社の強みを社会に還元する

自社の強みから社会に還元できることを考えましょう。toroaでは「とろける食感」が嚥下のできない子どもや高齢者の困っている問題を解決できたように、あなたが得意な分野で持っている強みが、思いがけず社会で困っているクラスターの悩みを解決することができるはずです。

そうした試みは、悩みや問題の解決の一助を担うことで、社会をよくすることに貢献できるだけでなく、自社及びその特性について、これまでのお客さま以外の方々に知ってもらう大きなきっかけとなります。

マスメディアで何らかのサービスが紹介されるためには、そのサービスにニュースバリューがあるかどうかがカギとなります。つまり「そのニュースを知らせることで人々に価値がもたらされるかどうか」ということです。

端的に言うと「**それによりどんな変化が世の中に起きたのか**」が明確に説明できるようなことにニュースバリューがあると考えてよいでしょう。たとえば、一企業がとてもよい商品を作ったとして、それだけでニュースにならないのは、そこに「世の中を変える動き」が生まれていないからです。しかし、たとえば、それが「空中を走れるバイク」であれば、そこに世の中を変える動きが生まれるので、ニュースになります。

企業が社会貢献の文脈で取り上げられる場合、それを抽象化すると「社会にはこのように困った人たちがいて、彼らの困っている悩み／問題を解決する取り組みが行われており、企業もそこに参画している」という報道になります。

先の「飲めるチーズケーキ」の産学官福祉連携コラボも右の通りの構造になっており、それゆえニュースバリューを獲得していました。

これ以外に報道がなされるケースももちろんあります。先にも説明した「トレンド」に関わることと、「大きな塊の移動」についてです。

トレンドというのは同時多発的に「点」が移動している状況を指します。A社もB社もC社も共通で動いている状態です。たとえば繰り返しになりますが、「製造業、人材業、IT業など軒並み賃上げ」はトレンドになるわけです。

一方で「大きな塊の移動」というのは複数社連合で何かに取り組んでいる、という状態です。「異業種であるA社とB社とC社が連合して、「悩み」を抱えた人たちの課題を解決するサービスを提供し始めた」というのは大きな塊の移動が報道される例となります。

コラボは企業活動でよく見るようになりましたが、まだまだ人気ライセンスや有名人を起用することでそのファンを誘導するようなものが大半です。

しかしここまでご紹介してきたように、私としては「社会的な還元活動」にこそコラボする意義があり、互いの強みを連結させて社会課題の解決に向けてアイディアを出すことが、企業の存在理由の一つではないかと考えているのです。

試食会

外食産業や食品のブランドならSNSのフォロワーたちを募って、抽選で試食会に招待する、という企画もできます。

飲食店舗やコワーキングスペースを借りることで、月に一度ほど小さく開催すると、ファンの方に「参加」を図ることができ、ブランドに関する深い体験を生み出すことができます。また外食産業であればアイドルタイムを活用することができます。

試食会はただ開催して、来てもらったフォロワーたちだけに体験してもらうのではもったいないので、せっかくなら新商品のキャンペーンページを作り、広告を打つことで、認知チャネルをブーストすると、応募者が格段に増えますので、参加できることへの特別感を増すことができます。

仮にあなたのアカウントのフォロワーが一〇〇人しかおらず、応募方法がX（旧Twitter）のハッシュタグで「参加希望」と投稿するカンバセーショナル投稿だったとすると、ハッシュタグを検索したら応募者の数がわかります。その数、わずか二〇人だったとすると、応募すればかなりの確率で選ばれるということもわかってしまいます。それでは企画の特別感を演出できず、応募も集まりにくいことでしょう。

しかし、広告を使って、募集をブーストすることで一〇〇〇人の応募者を目標に企画を設計できたとすると、選ばれた三〇人は一〇〇〇人の中から選出されることになり、「選ばれること」の価値が上がります。来場できることの希少性も高まるので、参加した方が感想を投稿したり、アナウンスしたりしてくれる可能性が上がり、さらにはファンとして定着してもらえることにもつながるでしょう。

イチオシの商品、どう推すか

SNSでイチオシの商品を推すときは「こんな商品があります（画像付き）」で終わってはダメです。ついやりがちなことですが、これは商品の広告チラシをポストに投げ込むようなものです。商品が世に出てから告知を始めるのではもう遅い。商品ができるまでのプロセスを丹念に追って発売前から投稿を行いましょう。

発売日を予告して、カウントダウンしながら情報を伝えていくのもよいでしょう。事前のサンプルをプレス関係者や関連インフルエンサーに手渡して、彼らが試してみた感想が投稿されたなら、即座にリツイートしていきます。

情報発信の本気度は、発売前に決まります。

その時点で何度かに分けて、お客さまの期待値を上げ、ワクワクさせるプランを練りましょう。たとえば、食品であれば開発スタッフが試食した感想を投稿する。あるいはキービジュアルが完成したら報告する。また発売間際になったら、開発時の苦難を紹介する。ドキュメンタリーさながらの「ハプニング」を見ていただくことで、一緒に発売を待ちわびてもらえるような投稿を展開していきましょう。

SNSからはじめる商品開発

いまの世の中、ＳＮＳで情報を発信することは欠かせません。

ここまで来たら、SNS出発で商品開発をする、ということもお勧めしたいのです。torovaにはフォロワーが数十万人おり、毎日コンテンツを投稿することでいいね数を把握し、フォロワーが好む方向性の傾向を数字として感じ取ることができていました。

客観的なデータを通してユーザーの反応と毎日向き合っていると、どんなことが自分たちに求められているかがわかってきます。

食品であれば「ご飯に合わせた時に美味しい」とか、「病みつきになるような味付け」は人気が出ます。アパレルであったら、着こなし系の投稿を毎日続けていくことで、人気のでるスタイルやジャンルの傾向がわかるようになります。

よい話ではありませんが、あるインフルエンサーが「自分のブランド」と偽って、中国の激安ECで購入できる服を転売したことで炎上が起きました。インフルエンサーは毎日の投稿でデータを取ることができ、人気が出る服を目利きする力が育っています。結果として、大きな影響力を持っていたため、その反動で炎上も大変なこととなりました。

SNSで役立つ投稿を続けていくことで一番得られるものは、この「客観的データに関する肌感覚」だと思います。その感覚が獲得できるまで、しっかり投稿を重ねてアカウントを育てていきましょう。

おわりに

ちゃんと第1章で遊びましたか？　仕事なんかしてないで遊ばないとうまくなりませんよ。

さて、ご卒業（読了）おめでとうございます。ここまで読み通していただけたことで、絶対に失敗しないSNSをつくる姿勢、視点、方法、トレーニング法がインプットされました。これらはマーケティングの下地であり、形成された下地からどう積み上げるかについての方法です。本書に記してあることは、あくまで情報ですので、ここからはあなた自身が何度も読み返して実践していただくのみです。

マーケティングの方法が皆に共有されていない時代には、方法をそのまま当てはめるだけでうまくいきました。しかし、ある時は効果が高かった広告表現も、情報が蔓延してしまうと逆にエンドユーザーは構えてしまい、あえて見ないようにしたり、広告にコントロールされまいと駆け引きします。

現代は方法が隅々まで広がる時代です。方法の時代と言っても過言ではありません。あらゆるところで方法が明らかにされていきます。ですから、方法だけを使って頭一つ抜けるのは難しい。成否を方法だけに委ねるのは危険なのです。

よって、本書はこれまであまり語られてこなかった方法（本質）を伝えつつ、読者のあなたが自分次第で成功確度を上げていけるように、滑落者をつくらないように設計されています。

この本の設計には、晶文社の編集担当、江坂祐輔さんの助力が非常に重要でした。失敗の危険が大きい箇所にはあえて強い表現で注意を喚起するための「パンチライン」を考案いただきました。

書き始める前から何度も打ち合わせをして、一人ひとり目的の異なる読者を想像しながら、私自身の失敗談をふんだんに交えることによって、本来であれば失敗した際に学ぶ言葉＝パンチラインを疑似体験いただけるようになっています。

江坂さんが編集を終えたとき、私に言いました。

――本書の最大の価値は「SNSにおける五十嵐さんのこれまでの失敗やトラブルが基になっていること」です。どうしたらそうした問題がクリアできるかについて、はっきりと記してある、つまり**読者がはじめて本気でSNSに取り組む際の〈安心感〉を得られる**ということです。実は、失敗というのは非常にコストがかかることなので、「人の失敗こそ買ってでも手に入れろ！」と言えるのではないでしょうか、と。

失敗対価のコストと書籍の価格じゃ比較にならないですね。成功者の成功話を聞いても成功者になれないのは、成功までのプロセスにある無数の失敗が見えていないからです。

皆さん、成功者から成功の秘訣を聞きたがる傾向がありますが、答えは逆です。

こんな愚かなことをしたら「成功はない」という学びを続けることで成功の再現性はつくれます。

トレンドも、SNSプラットフォームも変わり続けます。SNSという戦場そのものもまったく新しいものに変わる時代がくるでしょう。

それでも私たちがブランドを育ててビジネスをする活動は変わりません。企画力をつける能力も、虎の尾を踏んで炎上しない多角的な視点も、思いを紡ぎ出してお客さまに嬉しい価値の提供に言い換える技術も、すべてトレンドやプラットフォームが変わっても通用します。続けていただければ必ずチャンスを乗りこなすことができます。

それは……たとえば、筋トレしたら鏡をみて、その努力を承認するのと同じです。継続によってついた筋肉を実感する機会を持ってください。そのためにはあなたの成長や成功や挑戦を「自慢かよ」と思わないパートナーにあなたの冒険記を話して聞いてもらうことを強く推奨したいです。余計なアドバイスを挟まずに一〇〇パーセント肯定してくれる、信頼できる人がいいと思います。私自身は大学生の起業当初は実家で母親によく話していました。何もわからないのが逆に良くて、聞くだけでなんのアドバイスもありません。今振り返ると、非常によい行為だったと思います。

さて、私は週三回ジムで筋トレをしていますが、一日あたり一マシンで一セットあたり一〇回が限界になる負荷を測って、それを三セット上げるトレーニングの内容を決めています。重さが増えると痛めるリスクが増えるので一〇回上げられる重量は筋を痛めて止まる理由をなくせます。一〇回上がらなかったら重量を下げます。それでも止まったら一〇回になるまで重量を下げます。手ぶらで行けるようレンタルを利用し、入店から退店まで所要時間も二五分と短く時間的な負担は少ないです。

このルールによれば毎回ジムの所要時間は変わらないのですが、筋力が強くなると負荷が上がるので、ただ週三回ジムに行くだけで成長できる仕組みになっています。時間がない、筋を痛めるなどジムに行かなくなる理由を排除して負担を減らし、仕組みを継続する仕組みになります。

「あとがき」で伝えたい重要なことは「続けられる」ようにすることです。

続けるためには負荷を落としてもいいのです。行動がゼロになるよりは、負荷を減らしてでも（たとえばマシンの重さを一〇キログラムずつ減らしてでも、一〇回三セットの行動を）続けるようにしてください。やめないことです。本書の適切な訓練を続けている限りは、絶対失敗することはありません。

努力は辛いものではなく、続けられる適切な努力を。
あなたの育てるべきブランドがあなたの願うところに辿り着けるまで。
あなたの願いを叶えるのに、本書が役に立てたならこんなに嬉しいことはありません。

二〇二四年吉日

イガゴー／五十嵐豪

イガゴー ／ 五十嵐 豪

1986年生まれ、東京都府中市出身。株式会社フードクリエイティブファクトリー代表取締役。スイーツブランドtoroa創業者。料理研究家。専修大学経営学部在学中の21歳の時に4万円で料理研究家を創業。日テレOha4、BSフジWeCan47でレギュラーコーナーを持ち、香港、シンガポール、農水省、経産省ほか数々の登壇・レシピ提供を担当。Jcom ACT ON TVで男子料理道場の番組企画、プロデューサー、MCを兼任して自分の番組を作る。自社のSNSを14ヶ月で26万フォロワーまで成長させた知見から（2024年現在120万人）企業のSNS戦略アドバイスを担当した実績多数。2021年リリースしたtoroaは最後発の菓子メーカーながらベストおとりよせ大賞で7000商品から日本一に選ばれて3年連続入賞で殿堂入り、ファミリーマートでの全国発売、ナチュラルローソン他が採用、台湾、シンガポールに輸出など躍進している。

［YouTube］ youtube.com/@節約レシピのしかない料理天国

［instagram］ @gogoigarashi

［X］ @gogoigarashi

絶対《ぜったい》に失敗《しっぱい》しない

SNSの教科書《きょうかしょ》

2024年12月20日　初版

著者　イガゴー／五十嵐豪

発行者　株式会社晶文社

〒101−0051 東京都千代田区神田神保町1−11

電話　03-3518-4940（代表）・4942（編集）

URL　https://www.shobunsha.co.jp

印刷・製本　ベクトル印刷株式会社

ISBN978-4-7949-7453-2　Printed in Japan